The Co-Existence of
Diverse Religious and Ethnic Groups in Medieval Toledo

古都トレド

異教徒・異民族共存の街

芝 修身
Shiba Osami

昭和堂

サン・マルティン橋（市の西）から見たトレド市（2章扉絵の地図参照）

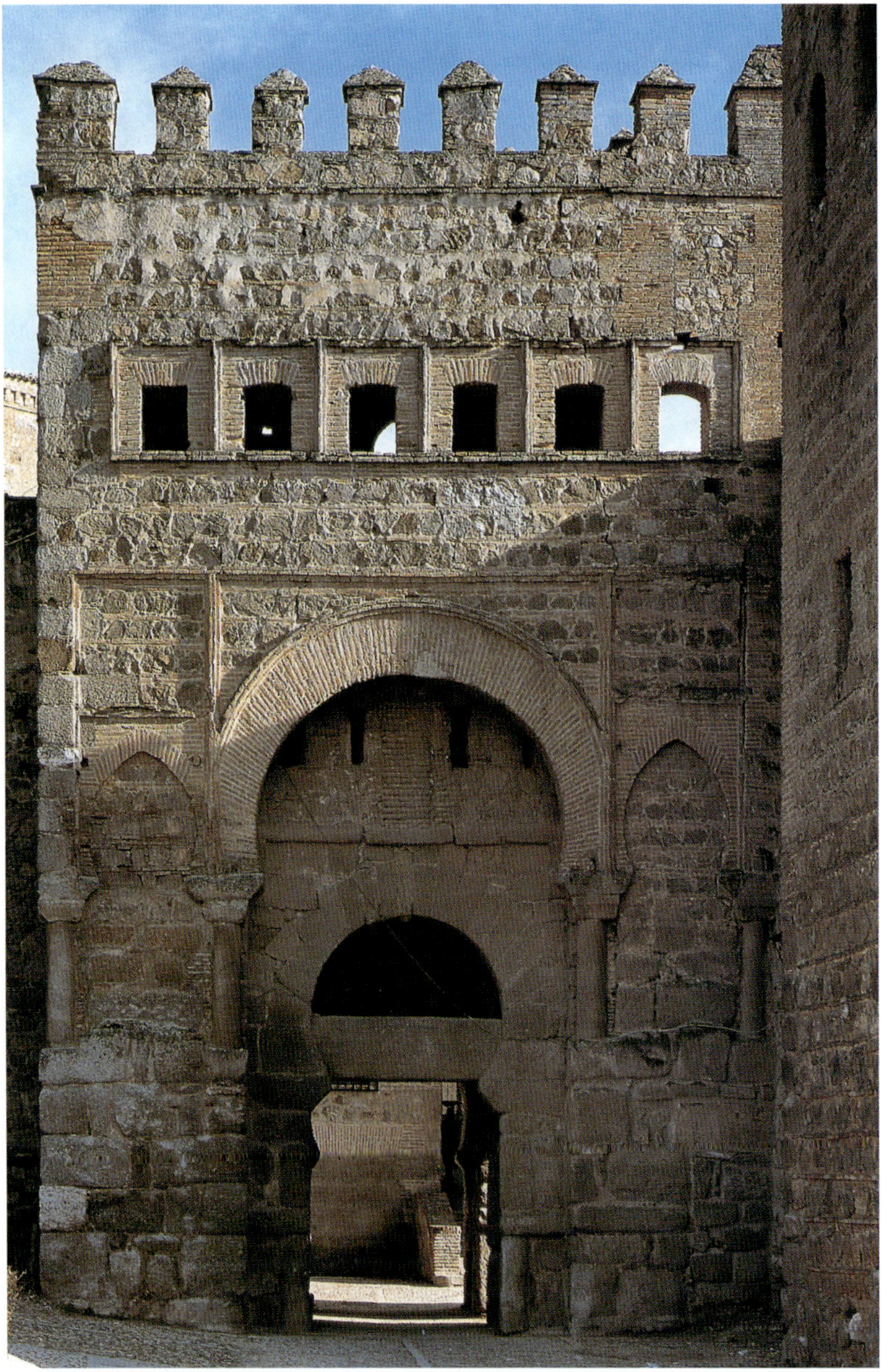

城壁の内側から見た旧ビサグラ門。イスラーム時代の原型をとどめる重要遺跡のひとつ。（9C？）（2章扉絵の地図参照）

光のキリスト教会。999年創建のメスキータ（モスク）をトレド奪回後キリスト教会にそのまま転用した（84頁参照）。

（上）サンタ・クララ・ラ・レアル修道院の「オレンジの木の庭」にある、石膏でできたムデハル様式のアーチ。

（下）サンタ・マリア・ラ・ブランカ教会。シナゴーク（ユダヤ教会堂）をキリスト教会に転用した（84～85頁参照）。

カンブロン門。西ゴート時代建設された城壁の一部とイスラーム様式の柱を生かして、1576年に再建された門。最初はユダヤ人の門、次にサン・マルティン門、最後にカンブロン門と名を変えた。

テントの中でチェスをするキリスト教徒（左）とムスリム（右）（134頁参照）

示威目的のため槍投げ競技をする平民騎士（24、47頁参照）

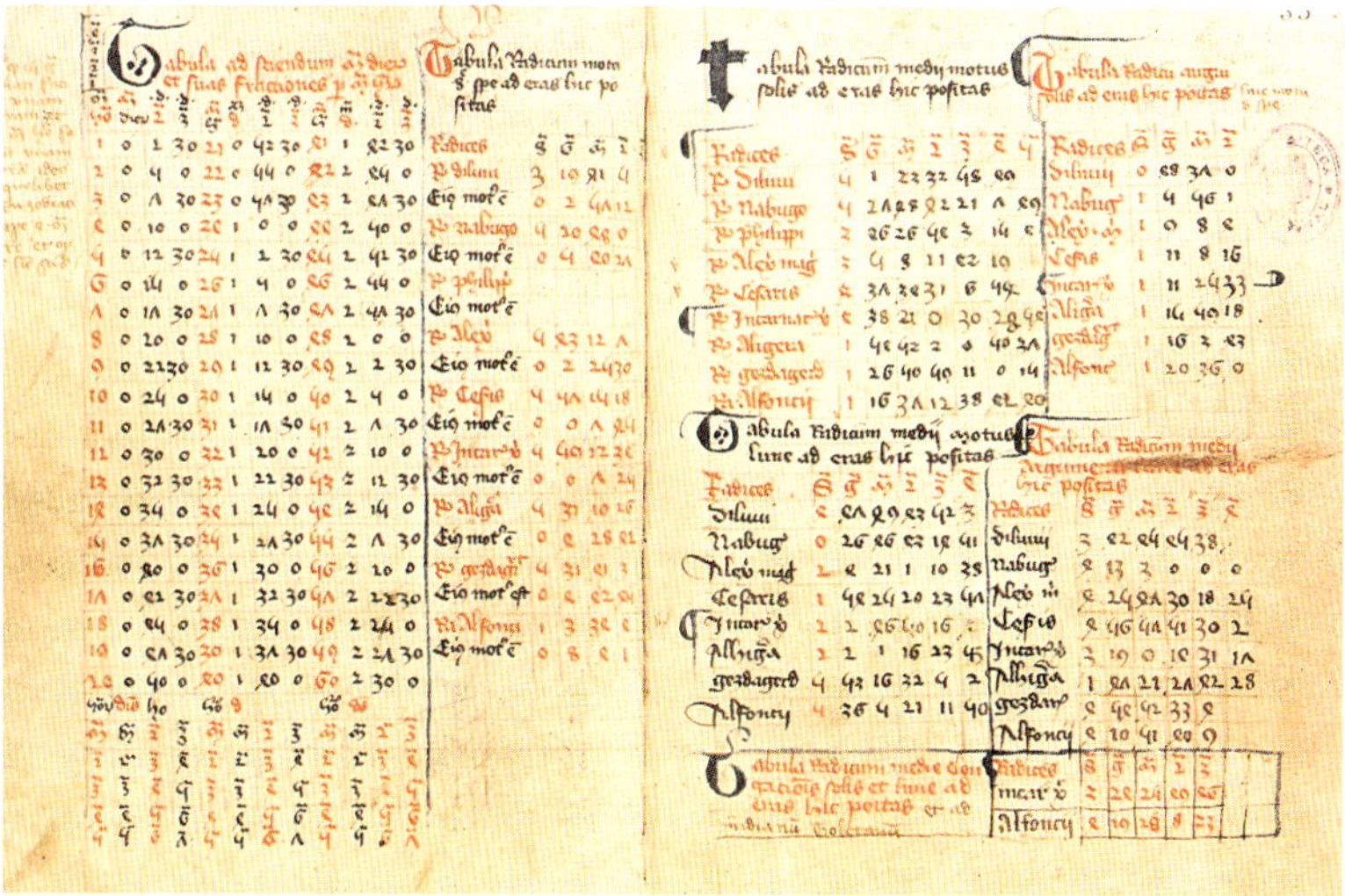

アルフォンソ表（133頁参照）

太陽門夜景（2章扉絵の地図参照）

はじめに

　ローマ帝国が多神教信仰をすて、キリスト教信仰に移行して以来、西ヨーロッパは、異教徒に対し厳しい態度をとるようになった。キリスト教徒はとりわけユダヤ教徒を迫害し、時にして大量殺りくにまでおよんだ。約一五〇〇年もの間、ユダヤ教徒はヨーロッパにおいて受難の日々を過ごしてきたのである。今日ですらユダヤ人差別は深刻である。ＥＵの欧州基本権機関は、区域内のユダヤ人を対象とした世論調査（二〇一三年一一月）で、過去五年間で差別が深刻化したとの回答が七六パーセントに達したことを明らかにした。ヨーロッパの中でもフランスにおいて反ユダヤ感情がもっとも強い。フランスにはユダヤ人が約五〇〇万人居住し、イスラエルを除けば、アメリカに次いでユダヤ人口が多い。このことが反ユダヤ醸成の強い要因となっているにしても、中世以来フランスが反ユダヤ主義の強い国であることは紛れもない事実である。

　さらに今日ではイスラーム教徒との関係が複雑化した。歴史的にはヨーロッパはイスラーム世界と対立してきた。イスラームはサタンを体現する悪の宗教と見なされ、アラブに対する人種的偏見も強く、その結果アラブ嫌いは伝統的である。しかしそれは身近に見たこともない、イスラーム教徒に対する抽象的偏見であり、日々の生活には何の影響ももたらさなかった。ところがさまざまな事情から、第二次大戦以降イスラーム教徒がヨーロッパに定住することになり、中世から近世にかけムスリムが多数住んでいたイベリア半島をのぞいて、ヨーロッパは初めてどのようにムスリムと共存するかという問題に直面した。イギリスは多文化主義を、フランスは同化主義をそれぞれ採用し、ムスリムとの共存を図ろうとしてきた。しかしそのような努力を無に帰してしまうような大事件が勃発してしまった。

二〇〇一年の九・一一事件である。これ以降欧米社会には、十字軍以来抱き続けてきたアラブ嫌い/アラブ恐怖症が再び鎌首をもたげてきた。もはや平和的共存は不可能という気持ちに陥ってしまったのである。反イスラームは同時に反ユダヤを強める負の作用ももたらした。

このような宗教の違いによる対立を前にして、なんとか共存の道を見いだせないかという機運がヨーロッパとイスラームの両世界で盛り上がった。とりわけ「原理主義者」によって繰り返されるテロ行為によって、イスラームに対する偏見が助長されることを恐れたのは、アラブ諸国の国王や宗教指導者である。そのためサウジアラビアのアブドラ国王は、イスラーム教徒だけでなく、全世界の宗教者に対話集会の開催を呼びかけた。その結果、二〇〇八年七月、三日間にわたって、スペインのマドリーで国際会議が開催された。対話の場にスペインが選ばれたのは、中世において、民族・宗教・文化の異なる人々が共存してきた場所であるからだと説明された。

この考えはやや大雑把な見方ではあるが、確かにイベリア半島は古代から諸民族が到来した地である。その一例がフェニキア人で、商業を営むために東地中海からやって来、カディスやカルタへナに植民地をつくった。このフェニキア繁栄の時代に、多くのユダヤ人も東方からやって来た。その一部は内陸深く入り、紀元前六世紀に半島中央部にひとつの都市を創り、この都市を「諸民族の母」を意味するトレドホと名付けたとされる。トレドは発端からして、異民族混交の街として呱呱の声を上げたのである。

その後ローマ時代に着実な発展を遂げ、武器製造で有名な麗都として知られるようになった。イスラーム時代にはさらに発展し、キリスト教徒やユダヤ教徒に対し寛容な政策がとられた。一一世紀末以降のキリスト教徒支配になってからも、この伝統は引き継がれ、時代と地域にばらつきはあるが、被征服民となったイスラーム教徒もおおむね迫害されることなく、三教徒共存の地として存続し続けた。

本書はこのような共存の有様を、一二～一三世紀のトレドに舞台を絞り、物語ろうとするものである。その理由は、時代と場所を限定しないならば、あまりにも広範囲かつ複雑であり一人、二人の力ではとうてい語りつくせないからである。場所が限定されるとはいえ、トレドは研究対象とするに値する魅力に満ちた都市である。最初にイスラームから奪還された重要都市であり、これ以降中世末期まで事実上の宮廷都市として機能し、スペイン第一の大司教座都市であったからである。中世盛期の一二～一三世紀において、政治上・人口上・軍事上の重要性でトレド市を上回る都市はない。しかもここには多様な人種と宗教徒が存在し、ヨーロッパ史に残る偉業が成し遂げられた都市でもあるからだ。そのうえ、市のみならずその広大な管轄領域にも多様な人種・宗教徒が居住し、多様な異教徒交流が見られたことも、トレドを取り上げた理由である。

イベリア半島は長期にわたりイスラームが支配する地であった。そのためスペインは他のヨーロッパ諸国と異なる歴史的歩みを遂げることとなった。小著がその一端を明らかにするとともに、共存の有様を提示することによって、今日の人種的・宗教的対立の緩和に向けての何がしかのヒントを提供できれば幸いである。

凡例

一、地名は現地読みとする。たとえばマドリードはマドリー、ジブラルタルはヒブラルタルとする。

二、王朝や民族名も現地読みとする。たとえば、ムラービト朝はアルモラビデ、ムワッヒド朝はアルモアーデとする。これらの呼称はスペインのみならずヨーロッパの歴史書で採用されてきた。むろん英語やフランス語ではやや綴りと発音は異なるが、同じ語源である。現地読みの初出の場合、括弧をつけて日本の世界史の本で用いられている読みあるいはアラビア語読みをいれた。

三、「　」は専門用語、ほぼ定説となった言葉および引用文に使用する。

四、〈　〉はやや特別な意味をもつ言葉あるいは引用語句に使用する。

五、イスパニアはスペインの古名として使用する。中世イベリア半島には複数の王国が存在し、近世以前ではスペイン王国は成立していなかったからである。

六、ムスリムとイスラーム教徒、ユダヤ教徒とユダヤ人はそれぞれ同義語として使用する。

七、カスティーリャ語はカスティーリャ地方で話される言葉であるが、スペイン語と同じ。スペインは多言語国家であるので、面積と人口で最大のカスティーリャ地方の言語を標準スペイン語としたのである。

八、国王、教皇、トレド大司教の括弧内の数字は在位期間を表す。

地図1：11 世紀初期のキリスト教諸国と分裂したアル・アンダルス

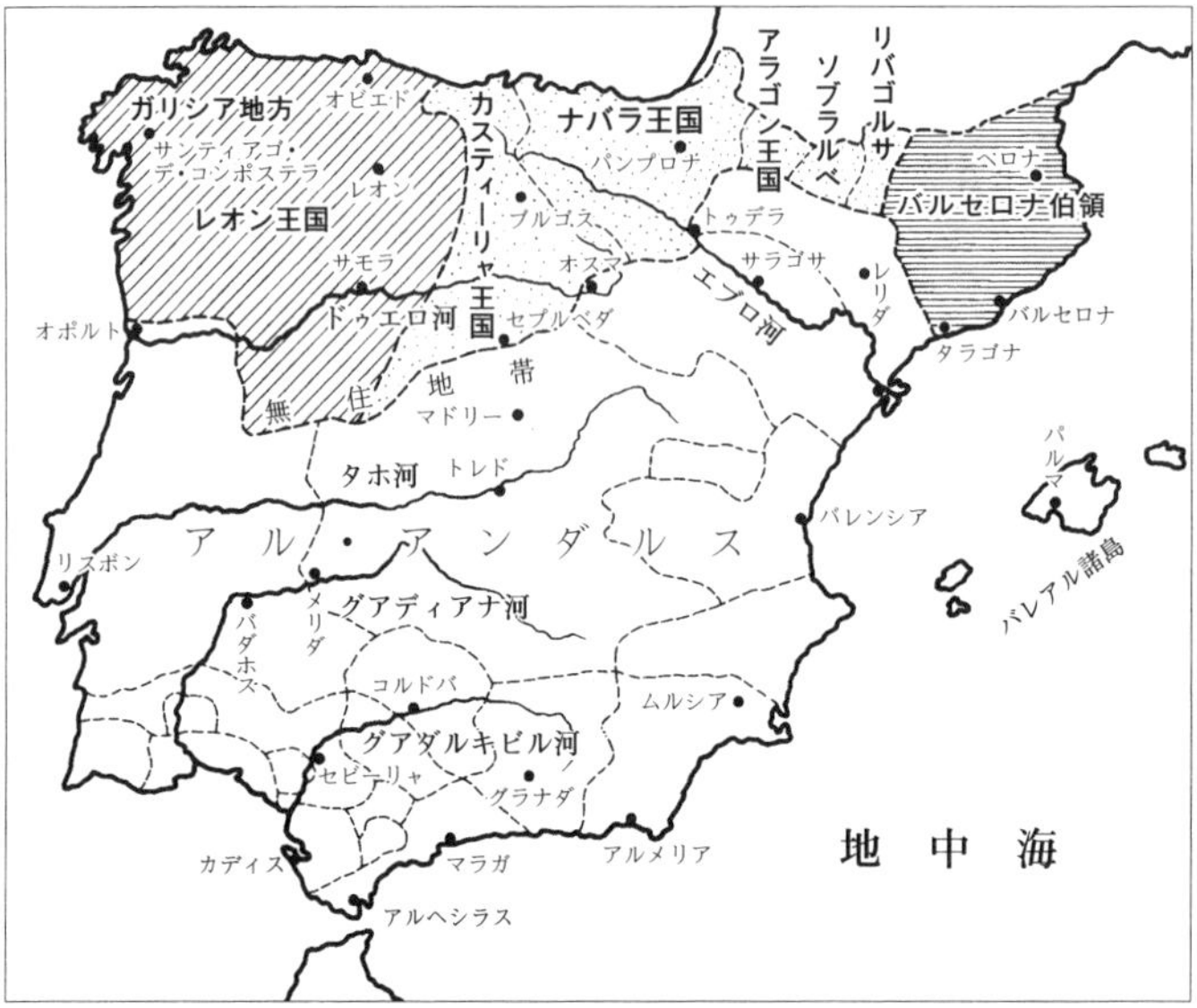

地図２：レコンキスタの進展

古都トレド　異教徒・異民族共存の街

目次

I

一一世紀のイベリア半島の勢力図とトレド

1049～50年頃、クエンカで作られた象牙の小箱

最初に一一世紀のイベリア半島の政治的状況を見てみよう。

地図1(vi頁)を見ていただきたい。半島北部にキリスト教諸国が展開し、中・南部に「アンダルス」と呼ばれるイスラーム支配領域が広がる。アンダルスの語源は、四〇九年半島に侵入したバンダル族をイスラームが想起し、半島を「バンダルの地」と呼んだことに由来する。一一世紀のアンダルスは小王国から成り立っているが、最初にこの状況を簡潔に述べたい。

一〇世紀において、政治・経済・文明などほぼすべての分野でヨーロッパを凌駕し、最盛期を迎えた、コルドバに首都をおく後ウマイヤ朝（七五六〜一〇三一年。アンダルスをアッバース朝から独立させ、その最盛期を築いた）は、さまざまな要因から一〇三一年崩壊し、約三〇の小さな独立王国に分裂した。これをタイファ（ターイファ）とよぶ。カリフ国弱体化に乗じ、我こそはと思う野心家がつくった、いわば徒党王国である。血統上王と名乗る資格はまったくなかったが、「王朝の支え」、「神によって勝利を与えられた者」、といったラカブ（尊称名）を用いて権威づけを図り、王のように振る舞ったのである。彼らの大半は、北アフリカ（マグレブ）からやって来たベルベル人であった。よくある誤解は、半島に進出したイスラーム教徒がアラブ人であったという認識である。アラブ人は支配層を形成したが、ごく少数にとどまる。七一一年の半島上陸の初期から、部隊はおもにベルベル人から成っていた。その後、マグレブより気候と水に恵まれた半島の魅力に引き寄せられるように、渡来するベルベル人は増加していった。一〇世紀末、ヒシャーム二世時代の事実上の統治者となったマンスールが、軍隊改革において部族制を廃止し、ベルベル人傭兵部隊を創設したことで、ベルベル人の人口はさらに増えた。これら一〇世紀に渡来したベルベル人は別として、八世紀に半島に定住した、いわゆる「旧ベルベル人」は、アンダルスの気候・風土やしきたりに馴染み、アラビア語を話し、一一世紀頃にはすっかり洗練された民族になっていた。タイファ王のなかには、学問を愛し、芸術を保護する王も少なからずいた。

その結果、これら小王国は高い文化水準を誇ったが、尚武の風はすたれ、王たちは軟弱化した。一方、北のキリスト教国、とりわけカスティーリャ王国は、文化水準は低く、アンダルスの人々に「知的繊細さと考えの鋭さを欠く。彼らを支配しているものは、無知と間抜けであり、一般的に無能力で怠惰である」と軽蔑される様な状態であった。しかし戦意は高く、強力な騎馬隊を組織して、戦利品獲得のためアンダルスに盛んに軍事遠征を仕掛けた。このような軍事的圧力に屈し、タイファはパリア（貢納金）を差出し、キリスト教の王に臣従する有様であった。一一世紀、カスティーリャとアンダルスの力関係は完全に逆転したのである。

タイファのなかでは、セビーリャとトレドのタイファがもっとも重要であった。セビーリャは祖先が八世紀初期半島に侵入したアラブ人（しばしば貴族）で、いわばアンダルスの主流派である。面積は大きくはないが、政治力は最大である。トレドは「旧ベルベル人」を祖先にもち、トレドがアンダルスの北部辺境地帯に位置したこともあって、コルドバの中央政権にしばしば反旗を翻してきた、独立不羈《ふき》の伝統をもつ。タイファ諸国のなかで最大の面積を誇り、中心都市トレド以外に大都市バダホス（ポルトガルとの国境に近い）、アルプエンテ（バレンシア）、アルバラシン（テルエル）

などの相当重要な都市を支配下にもつ。経済も発展した。農業は、キリスト教国にはない灌漑農業が営まれ、多彩な農産物を産出した。手工業も陶器・刀剣・皮革など多彩な製造を誇り、アンダルス諸地方に販売された。市の人口は最盛期、三万六〇〇〇人に達したと推定される。首都でもない地方都市で、一一世紀において数万人の人口を有する都市はヨーロッパ全体でもまれである。

この富裕なイスラームの町をカスティーリャ王国はフェルナンド一世治世(一〇三五〜六五年)から虎視眈々と狙っていた。当分はパリア徴収政策で臨み、タイファが疲弊し、パリアを納められなくなった時点で、武力行使に移ろうと考えていた。それを実行したのは、息子の一人、アルフォンソ六世である。

II

トレド市の奪還（一〇八五年）

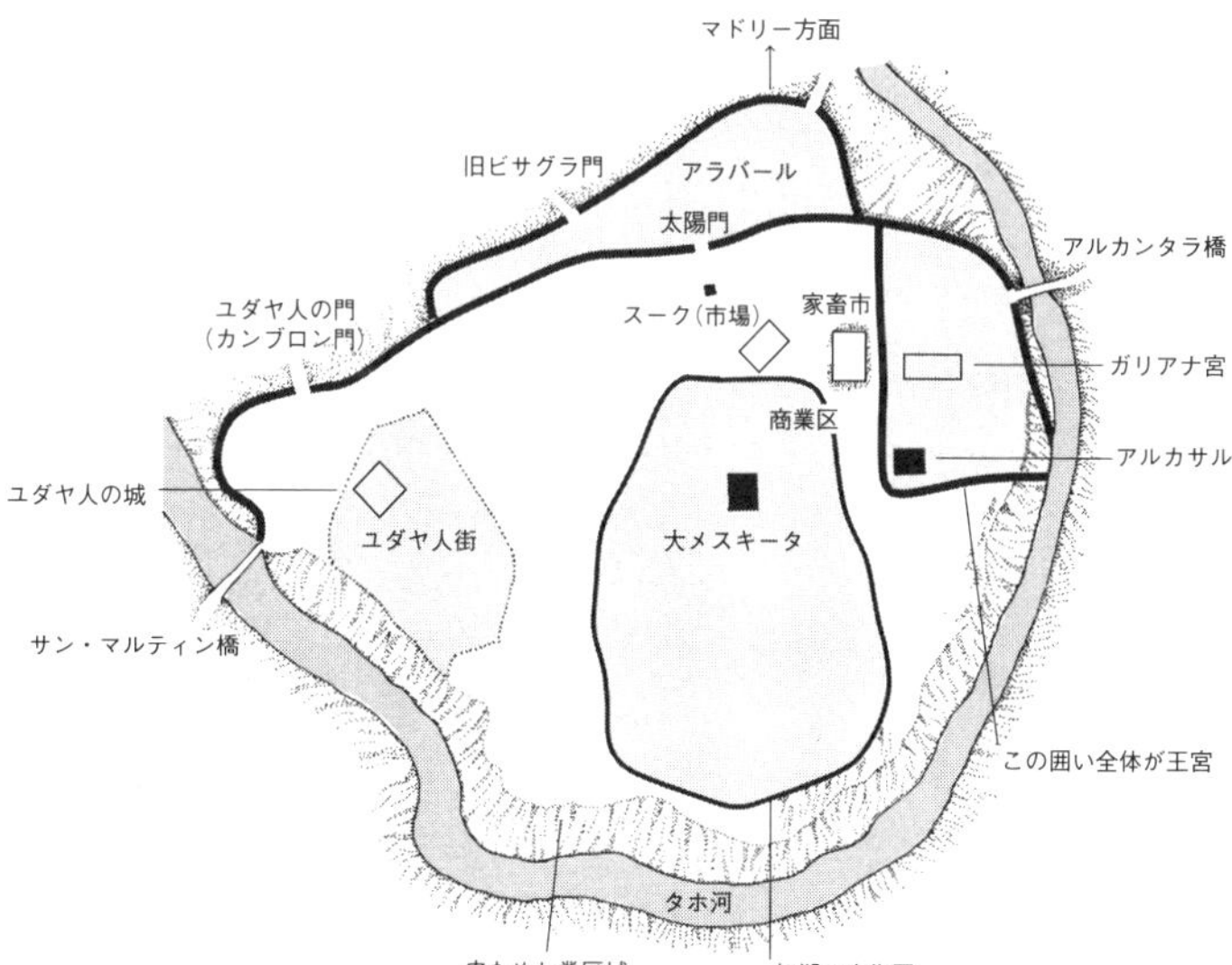

イスラーム治下のトレド

トレドは城壁とタホ河に囲まれた要塞都市であった。大砲のない時代では、長期戦は避けられず、五年近い包囲の末、一〇八五年五月、ついにトレド市はキリスト教徒の手に落ちた。イベリア半島にイスラームが上陸した七一一年から四〇〇年近い星霜を閲した。四〇〇年もかけて、キリスト教徒は北部山岳地帯から、ようやく半島中部に到達したのである。それは武力による前進というより、無住に近い土地への入植であり、イスラームの町はどこにも存在しなかった。それゆえ、レコンキスタの前半は両陣営が時にして干戈を交えることがあったにしても、悠長な南進であったと言えよう。しかしついに、イスラームの主要都市のひとつを陥れたのである。まずトレドがいかに重要であったかを説明しておきたい。

1　トレド市の重要性と奪還の意味

（1）西ゴート王国の首都

トレドはイスラーム侵入以前に存在した西ゴート王国（四一五〜七一一年）の首都であった。かつてのキリスト教国の首都が、再びキリスト教国のカスティーリャ王国に戻ったことの政治的・心理的重要性ははかりしれない。この事は、中世全体にわたって、多くのカスティーリャ王が西ゴート王の慣例にのっとりトレド市で戴冠式を挙行した事実によって確かめられる。トレド大聖堂での戴冠式が政治的正統性を保証したのである。同じ動機で、大聖堂で埋葬されることを望んだ。言ってみれば、トレド市は政治的にも宗教的にも、ある象徴的価値をもつ都市であった。それゆえに、トレドは中世における国王の行在所《あんざいしょ》であり、事実上の宮廷都市となっていくのである。

（2）カスティーリャ王国の政治的地位の上昇

この時代のイベリア半島には、地図1と2に見られるように、複数のキリスト教国が存在した。そのなかで、カスティーリャ王国が最大であり、レコンキスタ遂行の主役を担った。トレドの奪回とカスティーリャ王国への併合は他のキリスト教国に対する政治的・名誉的優位性をもたらすこととなった。この事はアルフォンソ六世が「全イスパニアの皇帝」と自称したことに端的に表れている。この称号はそれ以前の王のなかにも使用した前例があり、単なる個人的権力の自己宣伝ではない。イスパニアの諸王のなかで第一人者と見なされるための、重要な政治的正統性をアルフォンソ六世が有するという表明であり、諸王もそれを事実上承認したのである。一五世紀末に成立する近世スペイン王国の主役をカスティーリャ王国が演じることとなる、決定的な第一歩がここに踏み出された。

（3）軍事上・通商上の要衝の地（防衛線の成立）

トレドは半島中央部に位置し、東から西に流れるタホ河（リスボンに至る）に南側を取り囲まれた丘の上にある、難攻不落の都市である。ここにレコンキスタ史上初めて、イスラームと接触する国境地帯が形成されることとなった。九～一〇世紀に、ドゥエロ河流域におぼろげながら成立した最初の国境地帯がほぼ無住の地であり、イスラームの影すら見えなかったのに対し、この第二期の国境地帯はイスラームの攻撃を受ける、いささか危険な地帯であった。しかしここに防衛線を築くことができたことで、これより以北の地にセゴビアやアビラといった都市を建設し、入植を進めることができるようになった。

このように、トレド市奪還の意義はカスティーリャにとってこのうえもなく大きかった。逆に半島のイスラーム世界にとって、トレド喪失は歴史上初めて経験する悲劇的出来事であった。イスラーム支配の約四〇〇年間において、重要な都市や大きい領土の喪失はなかったのに、ついに半島中央部の重要都市をキリスト教徒に明け渡したのである。法学者であり隠者でもあるイブン・アル・ガサールは、「おお、アンダルスの人々よ、汝らのロバ（馬）に拍車をかけ去りたまえ。ここに留まることは気違い沙汰だ。マントのふちは破れているが、半島のマントは真ん中から破れたのだ」と嘆いた。

打撃は深い敗北感だけではない。トレドは、四〇〇平方キロメートル以上におよぶ中央山脈の北側のキリスト教国に対する防衛線の要となる都市である。その上、東北に存在するイスラームの重要都市サラゴサに至る交通の要衝にも当っていたため、コルドバからトレドを経由してサラゴサに至る軍事上・通商上の幹線ルートが遮断されることになった。そのためイスラーム教徒は勢力逆転を認識しつつも、トレドの回復を願ったのである。詩人ベン・バサーンは、「神よ、神よ、イスラームの都市の中に、トレドの名を再び刻んでください！」と歌った。

2　征服時の状況――多宗教徒・多人種の存在

トレド市征服は戦闘によるというより、籠城戦の結果である。要塞のようなこの町を長期の攻囲の末に交渉によって解放したのである。勝者と敗者の間で結ばれた降伏協定の内容は、敗者にとって寛容なものであった。トレドに留まりたい者は信仰・資産の保持を許され、慣習によって払ってきた税をそのままキリスト教徒の王に納めさえすればよかった。メスキータ（アラビア語のマスジドから派生・モスク）の維持も保障された。市を去る者は持てるものすべてを持って、自由に旅立つことを許された。一度去っても戻ってきたならば、不動産は返却され同宗の者たちと同じように処遇された。

イスラーム教徒については、一応このように方針は定まったが、この他に、ユダヤ教徒とモサラべと称されるキリスト教徒（以下一六頁で説明）が存在した。これらに加え、カスティーリャ人やフランク人が入植してきた。このように複数の宗教徒と人種が混在する、いまだ経験したことのない状況にアルフォンソ六世は直面した。その後歴代諸王も時代の変化とともに、新たな対応を迫られることとなる。以下この歴史的展開を詳らかにするが、その前に、これら異教徒・異人種について説明したい。

（1）ムデハル（イスラーム教徒）

中世の年代記では、イスラーム教徒のことを、モーロとかサラセンと言っている。ムデハルは、一五世紀末、カトリック両王治世において使用され始めた言葉で、キリスト教徒の地に留まったイスラーム教徒の意味である。語源は、「留まる人」あるいは「置き去りにされた人」を意味するアラビア語で、イスラーム支配下でない地に住み、そこの宗教が、ムハンマドが説いた教え以外の宗教を信ずる政治権力に従属するムスリムのことである。今日の研究書では、この言葉がもっともよく使用されているので、本書でもイベリア半島のキリスト教徒支配下のムスリムに対して用いる。

トレド解放の条件がイスラーム教徒に寛容であったので、大多数のイスラーム教徒（最盛時の全人口、約三万七〇〇〇人の三分の二）が残留したとかつては想定されてきたが、今日では留まった者は少数であったと見なされている。その根拠はいくつかある。

落城前に多くのムスリムが自主的にアンダルス各地に移住したこと。長期の包囲戦で、カスティーリャ軍が市周辺の農村地帯を略奪し、荒廃させたことで、市内は食糧不足に陥ったためである。最後のタイファ王、カーディルが無能であり、落城は時間の問題と認識されていたこと。イスラームの教えは、信仰が危機に晒されるかもしれない場合、異教徒の地に留まらないよう勧めていること。

これらの理由から、支配層・知識人のほとんどは脱移民し、一般庶民も多くがそれに従ったであろう。

それでも陥落後キリスト教に改宗したムスリムがいたとする説は今日でも棄却されたわけではない。その有力な根拠のひとつは、あるムスリムが「馬鹿なイスラーム教徒がキリスト教に改宗し、アンダルスの他の都市のムスリムを驚かせ、動揺を引き起こした」と書き残していることである。この史料はE・ガルシア・ゴメスとR・メネンデス・ピダルによってスペイン語に翻訳されているが、見過ごされてきたようである。馬鹿なムスリムと呼ばわっていることからして、庶民のことであろう。庶民のあいだで、何代にもわたって住んできたトレドを離れたくない、あるいは南のアンダルスには知り合いも、親類もいないので不安だと思う人々がいても不思議ではない。先祖をさかのぼればキリスト教徒であったが、一〇世紀アンダルス全盛の時代にイスラームに改宗した者も多かった。これらの人々のなかには、先祖の宗教に戻ろうと考えた人もいたであろう。加えて、当時アンダルスがアフリカの熱狂的イスラーム教徒によって支配されていたことも、移住を躊躇させたであろう。宗教よりも現実の生活を優先させる選択は歴史上数多い。

また例外かもしれないが、アルファキー（法学者）の改宗の例がある。グアダラハラ生まれのアル・ヒーヤリーとして知られるアルファキーは、キリスト教徒もイスラーム教徒も同じ神を信じているとして、自身の改宗を正当化した。改宗後アルフォンソ六世の側近となり、セビーリャのタイファとの折衝に当たったりした。彼の名前、アブー・アル・カースィム・イブン・ハイヤットから推定すると、トレドのタイファ王、アル・マムーンお抱えの天文学者、アブー・ヤフヤ・イブン・アフマッド・イブン・アル・ハイヤットの息子であるかもしれない。このような例からタイファ時代の上位社会層のなかにも、少数ながら改宗した家門があったと類推できる。

これら改宗者は多数でもなかったので、改宗後、キリスト教社会に受け入れられていったと思われる。ではムデハルはどのような状況下におかれることになったのか。

アルフォンソ六世がイスラーム教徒との協定を守り、異教徒との共存を望んでいたことは確かである。人口過小のカスティーリャ王国にあって、異教徒の協力なしに王国経営が成り立たないことを理解していたからである。彼らの有能さは、北部キリスト教国にも知れわたっていたが、彼自身王位に就く前、王位継承にかかわる紛争のため約九ヵ月間トレドに亡命していたことによって、高度のイスラーム文明に直接接することができた。だからこそ、落城後すぐにシスナンド・ダビデスという、キリスト教徒と他宗教徒の間をとりもつことができる人物をトレドの総督に任命したのである。シスナンドはもともとポルトガルのコインブラにいたキリスト教徒、後述するモサラベで、セビーリャのタイファ王に一時期つかえ、そのためアンダルスの事情とムスリムを熟知していた。前述のガルシアなどが翻訳した史料が伝えるところによれば、「シスナンドは、ムスリムが不幸を我慢できるように、かつ彼らのおかれた悪い状況に耐えられるようにと心がけ、彼らにあまり過酷な要求をせず、正義でもって多くの決定を下そうとした」。

しかし、彼の融和政策は、フランスからやって来たクリュニー修道院の僧たちの反対に遭う。彼らは教皇の命によって、カスティーリャ王国で宗教改革を実行する使命を帯びていた。そのよう

図2-1　999年創建のメスキータ（モスク）。現「光のキリスト教会」

な僧たちがイスパニア宗教界の首座、トレド大司教座にカテドラール（大聖堂）がないという事態を看過できるわけがなかった。初代トレド大司教に任命されたクリュニー僧、ベルナール（スペイン語読みでは、ベルナルド）は、アルフォンソ六世のフランス人王妃コンスタンツアと語らい、大メスキータ（大モスク）をカテドラールに転換してしまうのである（一〇八六年一二月一八日）。国王不在の間になされたことであるため、国王の真意について長く歴史家の間で議論されてきた。大メスキータの維持はイスラーム教徒に対してなされた、重要極まりない約束である。年代記によると、アルフォンソ六世はこれを知り、激怒したとされるが、真偽のほどは不明である。シスナンドも数か月で総督の地位を降ろされているので、政策の変更があったのかもしれない。一〇八六年のアルモラビデ（ムラービト朝、後述する）の半島への上陸とカスティーリャ軍のサグラハス（バダホスの北東約八キロメートル）での大敗（一〇八六年一〇月二三日）が関係したかもしれない。この宗教上厳格なベルベル人が興した王朝が半島のキリスト教国に軍事的脅威となる危険性のゆえに、ムデハルに対する寛容政策の変更をアルフォンソ六世が決断した可能性は十分ありうる。さらに以下で説明するモサラベ問題が関係したかもしれない。

大聖堂への転換の理由はどうあれ、メスキータ喪失はイスラーム教徒を絶望の淵に追いやってしまった。トレドに残ろうとしていた人たちもその多くがこの古都を後にした。その結果、トレドのムデハルの数はわずかとなってしまった。悲劇はたんに数の問題ではない。支配層や知識人が脱移民してしまったため、ムデハル共同体は完全に崩壊してしまったのである。残留したムデハルはそのまま市内に散らばり住んだ。彼らには、いくつかの小ぶりのメスキータが残された。そのうち、バブ・アル・マルドゥームとトルネリーアスが今日まで残っている。ただし、一三世紀の「大レコンキスタ」によって、ナスリー朝グラナダ王国を残してアンダルスがキリスト教徒の手に落ちた後、多くのムデハルがトレドとそれより以北の地に移住してきたので、トレド市とその属域のムデハル人口は増加した。このようにムデハルは政治状況に翻弄されて、イベリア半島内を盛んに移住した。

（2）ユダヤ教徒

ユダヤ教徒は古代からイベリア半島に住んでいた。彼らは西ゴート王国の時代、カトリックが国教となってから、迫害されるようになった。しかし、イスラーム時代になると、啓典の民として自分たちの信仰を維持できるようになった。カリフ時代においては、ハージブ（侍従）の地位につき君主に仕える重要な役割を果たしたりしたが、タイファ時代にも政治・行政部門のみならず、金融や文化活動などほぼあらゆる分野においていっそう多く登用された。それゆえユダヤ教徒の黄金時代とも言われる。

トレドが陥落した時、市内には約四〇〇〇人のユダヤ教徒が居たと推定されている（アメリカ人学者ラッセルの試算）。ユダヤ教徒のなかでは脱移民する者はおらず、そのまま市内に留まった。ムスリムは他のタイファに移住すれば道が開けるかもしれないのに対し、ユダヤ教徒にははっきりした見通しが立たなかったことと、アルフォンソ六世が彼らにもイスラーム時代と同じ条件を保障したためであろう。この結果、彼らはキリスト教徒支配下になっても、そのまま共同体を維持することができた。

ユダヤ教徒は迫害を受けてきた民族であるので、高い壁に囲まれた〈ユダヤ人街〉に住むのを常としてきた。トレドでは市内南西部（「サンタ・マリア・ラ・ブランカ」周辺）にあるユダヤ人街に住んでいたが、一二世紀初期には、キリスト教徒支配下での危機を感じはじめたのか、ユダヤ人街を要塞化したので、〈ユダヤ人の城〉と呼ばれたりした。しかしアルモアーデ時代（一二世紀後半、後述する）に、啓典の民を認めないこのアフリカの熱狂的イスラーム教徒の迫害を逃れて、多数のユダヤ教徒がトレドに移住してきて、ユダヤ人街以外にも住むこととなった。この結果、当市のユダヤ人共同体はイスパニア最大となった。彼らの祈りの場であるシナゴーグ（ユダヤ教の会堂）は市内に六つあったようである。そのうちのひとつ、サンタ・マリア・ラ・ブランカが今日まで残っていて、もっとも美しいシナゴーグとされる。キリスト教の名前になっているのは、のちに教会に転用されたからである。

（3）モサラベ

モサラベとは、イスラーム侵入後もイスラームに改宗せず、キリスト教徒であり続けた人たちのことである。この言葉は、アラブ化したという意味のアラビア語のムスタリブを語源とする。トレド陥落時、市内に約五〇〇〇人いたと推定する研究者（ラッセル）もいれば、もっと少ないとする研究者もいて、正確には不明である。長くイスラーム世界に生きたがゆえに、アラビア語を自在に操り、その世界の習慣・諸事情に通じていた。いわば、〈アラブ人っぽいキリスト教徒〉である。

見方によっては、モサラベはイスラーム教徒の支配する社会で、自分たちの宗教を守り抜いた、筋金入りのキリスト教徒と言えよう。トレドがキリスト教世界に戻った時には、その宗教上の信念を称賛されてしかるべきであった。しかし、ローマ教皇は、彼らを迷信を信仰する、胡散臭い奴だと以前から見なしていた。モサラベたちは西ゴート時代の典礼を維持していたが、一一世紀はグレゴリウス改革の時代であり、カスティーリャでもサアグンの修道院長に就いていた、クリュニー僧ベルナールの指導の下で、ローマ式典礼はすでに導入されていた。初代トレド大司教に任命されたベルナールは、当然のこととしてトレドにもローマ式典礼を導入することにした。まず典礼を行う教会であった。そもそもモサラベは、フランス人がトレド大司教に就任すること自体容認できなかった。それは外国人であるからという理由だけではない。モサラベ共同体自体も大司教区と大司教を持っていたからである。慣れ親しんだ、伝統的な典礼に愛着があり、自分たちの教会を明け渡すことを拒んだ。そのため、ベルナールはメスキータをカテドラールに転換せざるをえなかったのではないか、とも考えられる。

イスラーム支配下、モサラベはタイファ王国時代では寛容に扱われてきたが、差別を経験した時代もあり、雌伏の数世紀を生き抜き、ようやくキリスト教世界に戻ったのに、このようにいきなり不快な事態に直面したのである。自分たちの司教を選ぶ権利を奪われ、新しい典礼を強要された。ベルナールが多くのクリュニー僧をフランスから連れてきて、聖界の要職につけたり、聖堂参事会員に任命したりしたことも、モサラベとイスパニア人聖職者たちの怒りをかった。そのためモサラベは、ベルナールがローマに旅したり、宮廷会議に出席するために、トレドをしばしば不在にしたので、その機を利用して反乱を起こした。ベルナール不在中の代理人たちを追放し、自分たちの司教を選出したりした。

モサラベはキリスト教徒であるにもかかわらず、当初ユダヤ教徒以上の不遇をかこつこととなった。しかし彼らの強い抵抗そしておそらくアルフォンソ六世の仲介もあって、「モリラベ教区」と六つの自前の教会の保持を認められることとなった。事実上自分たちの教会内での西ゴート式典礼の実行を承認されたのである。かくして「モサラベ教区」と新たに北から入植してきたキリスト教徒のためにつくられた「ラテン教区」とが併存することになった。

さらにモサラベ問題を複雑にする事態が一二世紀中葉に生じた。後述するように、アルモラビデに代ってマグレブの覇者となったアルモアーデ（ムワッヒド朝）が半島に上陸し、非イスラーム教徒を弾圧した。そのためモサラベも迫害を逃れ、トレドその他の町に移住してきたのである。これらモサラベは「新モサラベ」と呼ばれ、「旧モサラベ」の教区ではなく、「ラテン教区」に組み入れられた。そこではもはや西ゴートの典礼は認められず、ローマ式典礼を強要されたのである。モサラベ間に新旧二つ集団が現れることになり、内部関係は複雑化したが、モサラベ人口は増加し、後述するようにいっそう重要性をもつこととなった。

このような複雑な人種・宗派からなる町に、征服者たるキリスト教徒、おもにカスティーリャ人が入植してきた。さらにピレネー山脈を越えて、はるばるフランク人（フランス人、しかしムスリムはキリスト教徒すべてをこう呼んでいた）もやって来た。フランク人はサンティアゴ巡礼のため半島北部にすでに到来していたうえに、クリュニー僧がカスティーリャ王国各地に進出していたこともあいまって、トレドにも入植してきた。

アルフォンソ六世は、このように異教徒・異人種が市内と農村地帯に存在する、非均質的な社会をどのように統治するかという問題に直面した。拡大する領土にくらべ、人口は過少であり、戦略上からも経済的理由からも、人口を維持しさらに増加させる必要があった。そのためそれまでトレドに住んでいた人々をそのまま受け入れ、新しく入植してきたカスティーリャ人はもとより、半島諸地方からの人びと、他のヨーロッパ人をすべて迎え入れた。外国人であること、異教徒であることは当初問題にしなかったのである。では国王は具体的にどのように対応したのであろうか。またこれらの人々はどのような職業に従事して、市の経済を支えたのであろうか。

Ⅲ

国王の政策
（一一世紀末～一二世紀）

（弦楽器の）弓の抜け道と呼ばれる坂道

1　対キリスト教徒

国境がイスラーム世界にむけて徐々に南下する時代にあって、これまで歴代国王は新天地の町や村にフエロ（入植特許状）を下賜してきた。これは各地の自治共同体の支配領域においてのみ有効な、一連の特権・法規であり、これにもとづいて、各共同体は運営された。まだ法律が整備されておらず、全国法ももちろん存在しない時代における便宜的手段である。本来ならば、この慣習をトレドにも適用し、「トレドのフエロ」が下賜され、そのフエロによってトレド市とその管轄権下にはいるアルフォス（属域）が統べられるはずであった。しかし上述したように、トレドは複雑な人種構成をもつ都市である。ひとつの法で束ねることが不可能な状況を前にして、アルフォンソ六世は各集団に対し、別々に独自の法・フエロあるいは特権を下賜した。以降の歴代国王もこれらのフエロと特権を王位就任時に再確認したので、トレドはながく複数の法律が存在する社会となった。トレドが当時置かれた対イスラーム防衛体制維持と容易にはキリスト教社会に組み入れることの困難な人びととの定住のために、採られた処置であった。

（1）カスティーリャ人

トレドには何びとも入植することができたが、市内において土地・家屋を下賜されることを望むのであれば、家族を同伴しなければならなかった。これは身分にかかわらず、すべての入植者に対し必須であった。家族とともに下賜された家に住む者には〈市民《ベシノ》〉の資格が与えられる。納税義務を負うが、市民としての諸権利を享受できる。これら〈市民〉が将来トレド社会の中核となっていく。単身入植者は単なる〈滞在者《モラドール》〉として扱われ、市民権をもたない。〈ベシノ〉は税を納めるがゆえに、人口を把握することは比較的容易であるが、〈モラドール〉は出入りが激しく、その数を把握することはできない。しかし相当の人口であったと推定される。

カスティーリャ人はトレド市攻略のキリスト教軍の主力をなし、解放されたトレド市の行政・軍事の中核となるべき集団でもあったので、フエロのなかで特権的地位を保障された。その原本は残っておらず、公布された年月も不明であるが、市奪還後ほどなく他のフエロに先駆けて下賜されたと思われる。

「カスティーリャ人のフエロ」（厳密には「カスティーリャ人憲章」）の重要な点を簡潔に列挙しておこう。

• 市の裁判官と法律を熟知する四人のカスティーリャ人貴族の下で、固有の裁判権をもつ。

・市民は一定の罰金支払いを条件に不逮捕権をもつ。
・市民は水車あるいは漁船を建造することができる。
・馬・武器・鎧を所有する者の息子と親類縁者は、所有者死亡後、それらを継承することができる（騎士身分の継承）。
・騎士階級は免税特権をもつ。
・騎士が北部へ移住する場合、子息を残すか、代わりの騎士を置いていくならば、トレドの特権はそのまま維持できる。
・馬・武器・鎧を用意することができる者は騎士になることができる。
・トレドの騎士は国王への軍事奉仕を年一回とする。

以上の項目でやや意味不明と思われる点について説明を補足する。

水車と漁船の建造は、本来国王ないし領主の特権であり、許可なく建造できないにもかかわらず、トレド市民は自由に建造できるとしたのである。水車はタホ河から水をくみ上げ、園芸農業をいとなみ、漁船はタホ河での漁業に使用するためである。

平民を騎士に取り立てる制度はカスティーリャ北部ですでに一〇世紀末から始まっていたが、アンダルス世界と国境を接するトレドにおいて、一段と平民騎士登用制度を推進したのである。国王軍はしばしばアンダルスへ遠征したが、その際都市の軍隊・ミリシア（おもに平民騎士と民兵で構成された軍隊）の参加をしばしば要請した。しかしトレドは国土防衛の最前線に位置するので、それに専念させるため年一回だけでよいとしたのである。

市内に家を割り当てられた市民は、市周辺三〇～四〇キロメートル位までの範囲で農地をもらい、ほとんどの者がそこで農業に従事した。最初から商工業を営むカスティーリャ人は稀であった。カスティーリャ人以外には、レオン人、ガリシア人、アラゴン人なども若干入植してきたが、「カスティーリャ人のフエロ」を適用された。同じく、農業を営んだ。

（2）モサラベ

上述したように、キリスト教徒でありながら、ローマ教皇から異端とみなされるモサラベに対しても、アルフォンソ六世は強引な同化政策をとらず、現状維持策を採ることにした。温和な宗教政策に加え、法的側面でも著しい変更を加えなかった。国王は一一〇一年三月一九日、モサラベに対し独自のフエロを下賜した。このフエロの肝要な点は、西ゴート時代から、イスラーム時代においても使用し続けてきた「フエロ・フスゴ」（西ゴート法典）によって今後も裁かれると決めたことである。法律上の自治が保障された意味は大きい。この後、歴代諸王もモサラベ共同体に対し、二〇の特権や拡大フエロを下賜していくことになる。

その他重要な点は、イスラーム時代の慣習をそのまま継承し、国王への十分の一税*支払を確認したことである。

＊時代によって変化するが、基本的には農産物にかけられる一〇パーセントの税。農民が払う。

予想外の問題に対しては、国王は個別に対処した。モサラベのなかには、一〇八五年以降、ムスリムが残していった不動産を買ったり、勝手にわが物にしたりする者がいた。混乱期における不動産の不当な取得を放置しておけば、入植者に家・土地を適切に配分することができなくなるので、国王は調査委員会を発足させ、不当に奪った土地を返還させた。調査をへた土地についてはモサラベに完全所有権を認定するとともに、売却・譲渡の権利も認めた。ただし売却先はトレド市民に限定した。

平民騎士登用制度もカスティーリャ人と同条件でモサラベにも適用された。モサラベ貴族もそのまま存続を認められた。

以上のように、アルフォンソ六世はモサラベをカスティーリャ人とほぼ同等に扱った。唯一の大きい違いは、法律が別であったことである。カスティーリャ人とモサラベの間の係争は、カスティーリャ人のフエロで処理されたと考えられる。

モサラベが重要な存在であった理由はふたつ挙げられる。第一に人口の多さである。約五〇〇〇人と推定され、一二世紀中葉にはアンダルスから相当移住してきたことで、さらに増加した。第二にイスラーム時代の都市生活、諸制度、言語などがそのまま継続使用されたので、それらを熟知したモサラベは貴重な社会層であった。トレド市は、自治を享受したアビラ、セゴビアなどのメセタ（中央高原地帯）にあるカスティーリャ諸都市とは異なり、国王直轄の都市であったので、国王が市の要職の任命権をもっていた。アルフォンソ六世はこの要職にモサラベを多数任命した。国王直轄都市は市の紋章として、国王紋章を使用したことによって可視化された。

モサラベのなかには商業や手工業を営む者もかなりいたが、大多数は農業に従事していた。彼らはアンダルスの事情に通じていたので、トレドの日常生活の諸々のことを北からの新入植者たちに教え、イスラーム世界からキリスト教世界への大転換を円滑に進めるうえで、潤滑油のような役割を果たしたのである。迫害された南のモサラベが一二世紀に多数トレドに移住してきたのは、トレドのモサラベが数的にも文化的にも水準が高かったことにもあった。

アルフォンソ六世はモサラベに親近感をいだき、彼らに下賜したフエロのなかで、トレドのモサラベについて「トレド市でつねに愛され、尊敬されている」と述べている。トレド亡命時期に接したモサラベに対する良いイメージもあって、このような言葉が発せられたのであろう。異教徒に寛容なイスラームではあったが、宗教上の不自由を多少なりとも経験してきたモサラベも、この言葉にいやされたであろう。

（3）フランク人（フランス人）

トレドに最初にやってきたのはクリュニー僧で、おもにメスキータを転用した大聖堂の周辺に住んだ。はや一〇八八年には、国王の許可をえてサン・セルバンド修道院を創建した。上述したように、クリュニー僧はトレド宗教界を支配し、後述するようにさまざまな分野で大きい役割を果たしていくこととなる。

一般のフランク人も、ナバラ王サンチョ大王（一〇〇〇～三五年）、その息子のカスティーリャ王であるフェルナンド一世（一〇三五～六五年）、アルフォンソ六世と歴代諸王が親フランス政策をとってきたので、入植を歓迎された。彼らの出身地は、トロサ、ガスコーニュ、ボルドー、アジャン、トゥールーズ、シャンパーニュ、モンペリエと多様であるが、イスパニアに近い南部諸地方が多い。人口は正確には不明であるが、それほど多くはなかった。市内に散住したが、大多数は大聖堂近くの「フランク人街」に住み商業を営んだ。入植者のなかでは相対的に富裕であり、商業の才に乏しいカスティーリャ人を補完した。

彼らも国王からフエロを下賜され、自治を享受した。カスティーリャ人とほぼ同等に扱われたが、戦役への参加は免除された。しかしフランク人は人口も少なく、同じキリスト教徒であるので、徐々にカスティーリャ人と融合していき、区別がつかなくなっていった。

以上のように、トレドには異なる歴史的背景をもつキリスト教徒が存在したため、各共同体は異なる法のもとで各々の共同体を運営していくこととなった。

このような特異な状況を認識していた歴代諸王は、一二世紀を通して法の統一へと努力を傾けることとなる。

2 対異教徒

（1）ムデハル

トレド市奪回時にムスリムと交わした協定によって、彼らは自分たちの共同体を市内とアルフォスにもつことができた。ムスリムに対する寛容な処遇は、八世紀の侵入時にイスラームが採った、啓典の民に対する敬意の政策を、四〇〇年の時をへて、今や逆にキリスト教徒が採用することとなったのである。トレド征服時、アルフォンソ六世は「二宗教の皇帝」と宣言した。この二宗教徒とはキリスト教徒とムスリムのことである。かつてイスラーム側がキリスト教徒をディンミー（ズィンミー：庇護民）としたように、ムスリムに対しても同じように処遇しようとしたのである。かつ残存するタイファ王たちに対し、政治的正統性をも求めようとしたものである。自身がこの半島の地における正統な王であることを認めさせる意図も含んでいた。

本来、キリスト教の王にこのような称号が許されるはずはない。ローマ教皇はこの世に存在する宗教はキリスト教のみであって、イスラーム教などは邪教だと見なしていた。それがこともあろうに、聖戦を遂行する国王自らが、堂々とこんなことを言ってのけたのである。教皇の怒りを買うようなことを言うからには、アルフォンソ六世にも覚悟があったであろう。ムスリムのなかで生活した経験のある国王は、イスラーム世界のほうが文化レベルが高いことを実感していた。イスラーム文化への傾倒は、宮廷にアラブ人国璽尚書団を抱え、韻を含んだ美しい文章で勅書を書かせたことにはっきりと見て取れる。

指導層が去ったトレド市に残ったムスリムの大半は、西ゴート時代のキリスト教徒がイスラームに改宗した「ムラディ（ムワッラド）」であった可能性が高い。かつほとんどが下層の人々であった。市内に住んだムデハルは少なく、おもに焼き物づくり、左官、レンガ職人、建築職人などであった。アルフォンスに住む者はおもに灌漑農業に従事した。農地を所有する農民もいたが、折半小作農が大半であった。不運なことに、長期のトレド市攻囲戦で、周辺の農地は荒廃してしまった。イスラーム時代に、繁栄していたムスリム共同体はほどなく零落してしまったのである。このことに心を痛めたアルフォンソ六世は、農民にディーナール金貨一〇万枚を与え、再起への縁《よすが》とした。ここにもムデハルへの優しい配慮がみてとれる。

一〇万ディーナールが今日の貨幣価値でどれくらいに相当するのかはわからない。しかし多額であったことは、次の事実から明らかである。一〇八九年、アルフォンソ六世がグラナダのタイファ、アブドゥアッラーに年間一万ディーナールを三年間にわたり、支払うことを約束させたこと、同王がクリュニー修道院に対し、一〇八五年から九〇年にかけ毎年二〇〇〇ディーナール、合計一万ディーナールを献納することを約束したことである。

なお祖先がムラディであるムスリムのなかには、祖先の宗教、キリスト教に改宗する者がいたことは大いにありうる。メスキータがカテドラールに転換され、当初の「協定」が必ずしも守られないと認識された後に、上述の例のように、もともと同じ神を信ずる者同士であるという思いもあって、改宗者がでた可能性はある。

以上がトレド市とそのアルフォスにおけるムデハルの状況のあらましであるが、タホ河流域の町や村にはかなりのムデハル共同体が存続した。この流域地方でトレド市に次いで大きい王領都市であるタラベラ・デ・ラ・レイナ＊では、かなりのムデハルが住み続け、町の中心にメスキータを維持していた。ポルトガルのリスボンに至る、この大河流域では灌漑農業が可能であったので、残留するムデハルもかなりいたと推定されている。

ムデハルにはひとつ大きい特色がある。イスパニアはレコンキスタのゆえに、人口移動の著しい国であったが、そのなかでも、ムデハルはキリスト教徒、非キリスト教徒すべてのなかで、もっとも激しい移住を繰り返した。一三世紀の大レコンキスタの時代には、過酷な運命に翻弄され、その時代時代で最良の住処を求めて移住を繰り返したからである。

＊「女王のタラベラ」という意味。「女王の」というのは、一三二八年にアルフォンソ一一世がポルトガルのマリアと結婚した時、王妃にこの都市を贈与したことに由来する。中世でも重要都市であったが、今日ではトレド（約八万二〇〇〇人）を上回る人口（約八万九〇〇〇人）を誇り、発展している。

（2）ユダヤ教徒

先に触れたように、ユダヤ教徒もキリスト教徒支配下に入っても、イスラーム時代と同様の処遇を約束された。国王保護下の直属の家臣となり、自治を許されたのである。イスラーム時代の行政組織や度量衡をそのまま維持・利用したアルフォンソ六世にとって、知的なユダヤ教徒は欠くべからず存在であった。人口も大きく約四〇〇〇人と推定され、イスパニア最大のユダヤ人共同体を形成した。彼らはタイファ王のもとでは、高位高官の地位にあり、行政の中枢を担った経験の持ち主であった。アンダルス世界を熟知し、アラビア語を巧みに操ったので、キリスト教国王の下でも宮廷の重要職につき、大使や商人としても大きい役割を期待された。

アルフォンソ六世の宮廷における具体例を二つ提示しよう。

医師兼諮問官：ヨセフ・ハーナシー・フェルシエル

キリスト教徒間ではシデロとして知られ、国王から下賜された家を市内に、近郊には土地とブドウ畑を所有した。

大使：セロモー・イブン・フェルシエル

シデロの甥で、カスティーリャ王国の大使としてアラゴン王国に派遣された。

このようなユダヤ教徒の高位公職への登用は、ユダヤ教徒がキリスト教徒に権力を行使することを禁ずる規則に抵触するとして、教皇グレゴリウス七世から叱責された。しかし歴代諸王は規則や教皇の警告を無視し、ユダヤ教徒を登用し続けた。

アルフォンソ六世の親ユダヤ教徒の姿勢を示す司法分野での史料は少なくない。たとえば、レオン市に向けた、一〇九一年三月三一日付の手紙において、彼らとキリスト教徒を同等に扱うよう規定した。すなわち、もしユダヤ教徒が負傷したり、死亡する事件が発生し、適切な解決策を見いだせない場合、棒による戦いで決着させてよいとした。ユダヤ教徒が敗者になったら、国王に五〇スエルドを、相手方のキリスト教徒に五〇スエルドをそれぞれ払うこととした。これは両教徒間の争いにおいては、キリスト教徒裁判官の下で裁かれるとするのちの一般的規定よりはるかに公平である。決闘による決着もキリスト教社会の一伝統である。上述した一一〇一年のモサラベに下賜したフエロのなかでも、キリスト教徒がユダヤ教徒やムデハルを殺害したり、彼らに盗みを働いたりした場合には、国王に罰金を払うべきであると、短いながらも言及している。

一二世紀になっても、親ユダヤ政策は継続された。たとえば、一市民がユダヤ教徒を殺害した場合、所有している家や店舗すべてを国王に差し出さなければならないとか、ユダヤ教徒殺害犯人を特定できなかったならば、市会（コンセホ）が国王に罰金六〇〇〇マラベディを払わなければならないといった規定がある。ユダヤ教徒重用は、ユダヤ教徒が国王の直接の資産とみなされていたことと、トレド市が国王直轄の王領都市であったことも関係するであろう。

このように、ユダヤ教徒は宮廷において重用されたが、それはユダヤ教徒全体のなかでは一部に過ぎない。大多数の一般庶民はどのような職業についていたのであろうか。中世カスティーリャ王国の経済は圧倒的に農業に依存していた。それゆえ、ユダヤ教徒のなかにも農業に従事する者が多数いた。市近郊に自所地をもち、それを耕作する者や聖俗貴族が所有する大土地を借地して農業を営む者もいた。借地農であっても、短期借地農もいれば、エンフィテウシス（永代借地）農もいた。あるいはムデハルに多かった折半小作農もいた。ユダヤ人も多種多様な形で農業を営んでいたのである。

村全体で、栽培の基本的要件と農業用水・放牧地・共有地などの共有資産の使用方法などを決めるに際し、ユダヤ教徒もそれに参加した。国境線の防衛と人口増加のために、国王自身も先頭に立って入植を進めたが、その際の法的保障のなかにユダヤ教徒も入れた。グループで入植する場合には村全体を下賜することもあったが、ユダヤ人にも公平に下賜された。

入植を推進したのは国王だけではない。国王から多くの土地や村・町を下賜されたトレド大聖堂も各地にさまざまな特権を与えて、入植者を募った。大司教ライムンドなどは、彼の町アルカラー・デ・エナーレスに対してフエロを公布して入植を誘致したが、ユダヤ教徒に対しては、国王以上に寛大な態度をとった。キリスト教徒とユダヤ教徒をまったく同等に扱ったのである。イスパニア宗教界で最高峰の地位にあるトレド大聖堂が異教徒にそれほどまで寛大であることに驚かされる。

商業はユダヤ教徒がいちばん得意とした職業であろう。商才に欠けたカスティーリャ人をユダヤ教徒とフランク人が補った。とりわけユダヤ教徒はイスラーム最盛期の時代から、コルドバ、セビーリャ、グラナダなどアンダルス南部の都市と長きにわたり商業ネットワークを築いてきた。トレド市陥落直後の混乱期をへて、安定を回復するとともに、彼らの手で商業は復活した。アンダルスの

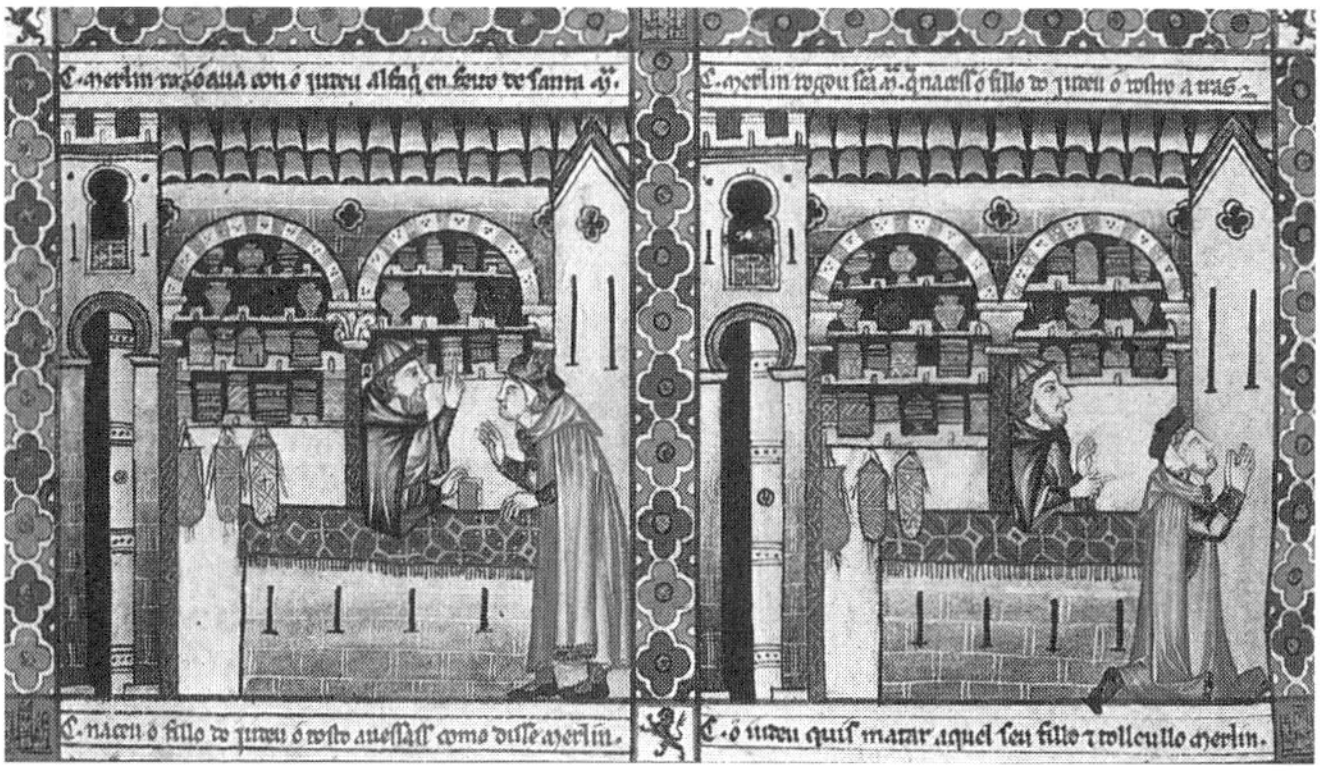

図 3-1　ユダヤ人経営の薬剤店

珍奇な品や奢侈品はトレド市の新たな支配層となった貴族や騎士、さらに高位聖職者の垂涎の的となった。市場はメセタの諸都市へと広がっていった。

その他ユダヤ教徒の職種は広きにわたった。公証人や筆耕屋の仕事には、識字率の低いキリスト教社会においては、モサラベとともにユダヤ教徒が従事した。後述するように、書類がアラビア語で書かれた一二世紀では、彼らの存在は貴重であった。しかし中下級の仕事にもユダヤ教徒の姿が見られた。仕立て屋、染物屋、左官、大工、粉引き屋、パン屋、金貸し、両替屋など多岐にわたる。このなかで服仕立てに従事する者は多い。服装を重んずる民族であるがゆえに、仕立て屋は尊敬された。このようにユダヤ教徒ほど多方面で活動した集団はいないであろう。いつ何時降りかかるかもしれない災厄にそなえ、どの世界に移住しても生きていけるように、教育と勤勉を重んじ生きていた証である。

以上、イスラーム世界からキリスト教世界へと移行したトレド市とその属域における状況と国王の政策を概略した。つぎに一二世紀において、このようなさまざまな宗教徒たちはどのように接触し生活を営んだのか、また同市で展開された興味深く、かつ重要な出来事について述べよう。

Ⅳ

国境の国際都市トレド

（一二世紀）

キリスト教徒傭兵を擁するムスリム軍

1　国境の状況

トレドが奪還された時、当分は平和が続くと考えられた。カスティーリャ王国は今やイスパニア第一の王国となった。しかし多くの異教徒を内部に抱え込んだうえに、トレド周辺は戦乱で荒廃しており、あらたに入植者を募り、農業の復興をまず図らなければならなかった。レコンキスタを推進することより、内部固めの方が肝心であった。トレド市とタホ河流域地方を国境と意識し、この防衛線を固めることによって、後に旧カスティーリャ*と呼ばれる地方に都市を建設する必要もあった。セゴビア、アビラなどはそうして建設された都市である。

しかし平穏はすぐに破られた。上述したように、トレドの陥落はアンダルスに衝撃を与え、タイファ王たち、とりわけセビーリャのタイファ王はこのまま事態を放置すれば、いずれカスティーリャに攻め滅ぼされることを懸念した。その結果、当時北アフリカの覇者となっていた、ベルベル人が創始したムラービト朝（イスパニアではアルモラビデと呼ばれた）に軍事援助を要請した。この要請にこたえ、海を渡り半島に上陸したアルモラビデの軍隊は、一〇八六年一〇月、一四頁でふれたサグラハスでカスティーリャ軍を大破した。この後、いったんアルモラビデ軍はモロッコに引き揚げたが、再度の要請で一〇八八年に再び半島に上陸し、カスティーリャに大きい打撃を与えた。この時もすぐにモロッコに帰還したが、彼らの目には堕落したと映るタイファ諸国を目の当たりにして、次の機会にはこれらタイファを攻め滅ぼし、ムラービト朝に併合してしまおうと考えた。一〇九〇年夏、再び海峡を渡り、なんなくタイファ諸国を滅ぼし、アンダルスを統一した。

＊メセタ中央部のグアダラマ山脈の北側に位置するメセタ北部の地方を旧カスティーリャ、南側に位置するメセタ南部の地方を新カスティーリャと呼ぶ。

他方カスティーリャ王国は度重なる敗北で、重大な危機感を抱いた。このことは一一〇九年死亡したアルフォンソ六世の遺骸がトレド大聖堂ではなく、北のサアグンの修道院に埋葬された事実に表れている。アルフォンソ六世はトレドを解放し、「トレドの皇帝」と自称したほどトレドを愛していたので、そこで埋葬されるはずであったが、トレドが再びアルモラビデの手に落ちるのではないかと危惧したためである。

しかしそれほど恐れられたアルモラビデは光彩陸離たるアンダルスの風土に馴染み、ほどなく軟弱化してしまった。その結果、アンダルスは再びタイファ諸国に分裂する。これを第二次タイファ時代（一一四七～七〇年）と呼ぶ。モロッコでも禁欲主義は後退し、この地のアルモラビデも質実剛健の砂漠の民としての気質を失った。その頃、初期のアルモラビデよりもはるかに宗教上厳格な、別のベルベル人が反乱を起こし、一一四七年首都マラケシュを陥落させ、ムワッヒド朝（イスパニアではアルモアーデ）を樹立した。

アルモアーデは権力基盤強化に七年を要した後、アンダルスを攻撃し、抵抗したバレンシア＝ムルシア王国をのぞき、タイファ諸国をアルモアーデ帝国に併合した。七二年には全タイファ王国を併合し、ようやくカスティーリャ王国に攻撃の矛先を向けることができた。しかし、この王朝も、マグレブその他でしばしば反乱に遭遇し、キリスト教徒にたいしジハードを挑むべくアンダルスにやってきても、マグレブでの反乱を耳にすると、帰還せざるをえなくなった。カスティーリャに明白な打撃を与えることができたのは、ようやく一一九五年のシウダー・レアル市近郊のアラルコスにおいてであった。

この北アフリカから半島南部にいたる広大な領土を支配下におさめた帝国の指導者は、アルモラビデの宗教理念を指導したマーリキ派の学説を排除し、今日の原理主義のように、もっとも厳格なイスラーム教義を信奉した。そのため、モサラベやユダヤ教徒のアンダルスにおける存在を認めず、迫害した。それを機に、モサラベとユダヤ教徒の多くは北部キリスト教世界、おもにトレドに移住した。上述した新モサラベたちである。トレド市と周辺諸地方は能力豊かなこの新住民を得たことで、発展のひとつの足掛かりとなった。

このように一二世紀は北アフリカから、アルモラビデとアルモアーデが半島に到来し、ジハードを標榜して、カスティーリャ王国に攻撃を仕掛けたので、戦闘が時にしてあった時代である。しかしキリスト教徒側も、アラゴン王国の「戦闘王」と異名をとったアルフォンソ一世がアンダルス深部に侵入し、縦横無尽に荒らしまわる一方、カスティーリャ王国のアルフォンソ七世も地中海沿岸のアルメリアにまで到達し、一時期同市を支配下に置くなどして、ベルベル人王朝を苦しめた。要するに、一二世紀は平和の時期もあったが、戦闘もあった時代である。このような状況では、国境は揺れ動き、定まらない。

政治的・軍事的力の強弱によって、目に見えない国境線が移動するのである。

このような境界に位置する地方は、言葉の地理的意味において、不連続の軍事的国境として現れる。そこでは軍隊が国境をつくる。しかし軍事的国境は、経済的・文化的国境になるとはかぎらない。アルモアーデがいかに自分たちの宗教理念とそれに基づく諸習慣をアンダルスの民に押し付けても、それを嫌うアンダルスの人々はそれを受け入れるわけがなかった。折節戦闘があったにしても、平和の時代が長かったこともあって、カスティーリャとアンダルスとの間には、経済的・文化的交流ないし影響は途切れることなく続いていた。国境に位置するトレドはそうした現象が見られた国際都市であった。その様相を具体的に見てみよう。

2 異教徒間の交流

(1) アンダルスとの往来

カリフ・タイファ両時代を通じて、トレドはコルドバやセビーリャなどの大都市と商取引をもつかたわら、トレド、グアダラハラを経由してサラゴサに至る、大動脈の重要な結節点であった。カスティーリャ時代になっても、規模は縮減したが伝統的商業ネットワークは維持された。トレドがキリスト教徒の町になり、対アンダルス防衛の一大拠点が築かれたことで、メセタ中央部にセプルベダ（一〇八五年）、セゴビア（一〇八八年）、アビラ、サラマンカ（どちらも一〇八九～九二年）などの都市を建設できたうえ、既存のアレバロ、メディーナ・デル・カンポなどの都市の安泰が確保された。これによって、カスティーリャ王国の商業ネットワークが一二～一三世紀に構築されていった。トレド市はこの商業網の中心となって、アンダルス経済圏と結びつける役割を果たすこととなった。

取引の数量的把握は困難であるが、年代記などでトレド・コルドバ間を往来する馬・ラバ・ロバの隊商についての記述がみられる。あわせて、セビーリャその他のアンダルス諸都市で生産される絹織物・綿織物・宝石類・馬（軍馬）などから各種農産物にいたる多様な商品についての言及もある。逆にカスティーリャからは、家畜（羊）・毛織物・皮革・蜂蜜・刀剣（トレド産）・ロウなどがアンダルスに輸出された。

戦闘や略奪によって捕縛された人間の売買も盛んであった。奴隷売買もしかり。活発な商取引は貨幣流通量を増加させた。イラームの金貨・銀貨がカスティーリャにも流入し、貨幣経済の発展を促した。アルフォンソ六世は、これに呼応して、銅と銀の合金であるベリョン銅貨を発行して、日常生活と小売り商業に必要な貨幣を供給した。アルフォンソ八世が一一七二～一二二三年頃にかけて、トレド市で自身の肖像と紋章を刻印した貨幣を鋳造できたのもアンダルスから高品位の貨幣が流入したおかげである。

交流というにはいささか語弊があるが、キリスト教世界とベルベル人王朝の支配するアンダルスとの間では、奇妙な人的交流と皮肉な〈軍事活動〉があったことを忘れてはならないであろう。

まず人的交流について。北のキリスト教諸国と南のアンダルスとは、宗教を異にするがゆえに、正式に友誼を結ぶことは難しい。にもかかわらずカリフ時代においても交流はあった。一例をあげると、レオン王国のサンチョ一世は並外れた肥満のため乗馬できないがゆえに、家臣たちによって追放された。そこで九五八年、カリフの宮廷の医師たちに治療してもらい、失った王位を取り戻すべく、軍事援助を要請するために、遠路はるばるコルドバに赴いた。また外交上の交流もあった。カリフに臣従する形で、大使や特使を派遣するのであった。

一一世紀のタイファ時代になると、力関係が逆転するなかで平和が戻り、いっそう交流は深まった。一二世紀は初めて、北と南の両世界が断続的ではあるが、軍事的激突を見た時代である。しかし戦争は奇妙な形で人的交流をもたらした。

アルモラビデとアルモアーデに雇われたキリスト教徒貴族と騎士の存在である。年代記のなかには、異教徒君主のために戦う兵たちは、戦争捕虜であると述べるものもあるが、圧倒的多数は自らの意志にもとづき、異教徒の軍に加わった者たちであった。アルモアーデはイスラーム法に基づくディンミーの存在すら認めない。それにもかかわらず、初代はともかく、二代目になると多数のキリスト教徒傭兵を自分たちの軍隊に組み入れた。フェルナンド・ロドリゲス・デ・カストロはその端的な例である。彼は一一六九年、レオン王国のフェルナンド二世の下で功績をあげ、トゥルヒーリョの近くで独力で相当の領地を獲得した。だがこれに満足せず、アルモアーデ軍に参加し、一一七四年レオン王国に属するシウダー・ロドリーゴ市に攻撃を仕掛けた。息子のペドロ・フェルナンデスも、一一九四年にアルモアーデに寝返り、翌年、先述したアラルコスの戦いでカスティーリャ王国のアルフォンソ八世の軍を破った。そのうえ、レオン王国のアルフォンソ九世とアルモアーデのカリフ、アル・マンスールとの間の同盟を工作することまでしたのである。この行為ゆえに、かれは教皇セレスティーヌ三世によって一一九六年一〇月三一日破門された。

アルモアーデ帝国に亡命しようとする者のなかには、おおぴっらに参加者を募る者までいた。一二二〇年の夏、レオン王国のアルフォンソ九世の異母兄弟のサンチョ・フェルナンデスは、アルモアーデのカリフの軍隊に入るために、トレドで多数の参加を呼び掛けた。公募のキャッチフレーズは、セビーリャに彼とともに行くならば、全員が金持ちになれるというものである。トレドの年代記によると、四万人以上がこの公募に応じたという。年代記の常で、その数は誇張であろうが、このような愚行が行われた事実は間違いなかろう。

キリスト教徒騎士がイスラーム軍に雇い入れられる例はすでにウマイヤ朝のハカム一世時代（七九六〜八二二年）にあったが、アンダルス最盛期のアブドゥッラフマーン三世（九一二〜九六一年）と二頁でふれた宰相マンスールの時代に増加した。このような前例が多数あったので、一二〜一三世紀のようにキリスト教世界でもイスラーム世界でも政権が安定せず、混乱を繰り返す時代ではいっそう助長されたのである。

カスティーリャ軍を主力とするキリスト教徒連合軍が、アルモアーデ軍を大破させた一二一二年のラス・ナバス・デ・トロサ戦の後ですら、キリスト教徒戦士たちのアンダルスとマグレブへの移住は止むことはなかった。驚くべきことに、アンダルスがカスティーリャに攻め滅ぼされ、グラナダのタイファ（ナスル朝グラナダ王国）がカスティーリャの貢納国として生き延びたにすぎない一四～一五世紀においてすら、逆に政敵を倒す目的で、国王も大貴族もムスリム兵士を雇うことに躊躇しなかったのである。ファン二世とエンリケ四世の時代（一五世紀）がそうである。

キリスト教徒側とムスリム側との〈雇用関係〉において、イスラーム側が強力であった時代では、雇用者がムスリムであり、被雇用者がキリスト教徒であるケースがほとんどであった。ムスリム社会のほうが発展し、富裕であったがゆえである。アンダルスは一旗揚げるには絶好の場であり、アンダルスを越え、モロッコまで足を伸ばす騎士も多数いた。逆に形勢が逆転した一四～一五世紀では、キリスト教徒君主・王族や大貴族がムスリム騎士を雇用する例のほうが多い。

このように宗教をこえて伝統的な敵と協力関係や同盟関係をもつことは、中世イベリア半島では日常茶飯事であった。宗教はなんの障害にもならなかった。ローマ教皇はこれを遺憾として、しばしば破門の脅かしを仕掛けたが効果はなかった。教皇がもっとも嫌ったのは、ムスリム兵士を雇い入れたり、彼らと結託して他のキリスト教徒を討つ行為である。だからこそ、インノケンティウス三世は一二一四年一月、イスパニア中の聖職者に向けて一通の書簡を発し、このような行為に及んだキリスト教徒は破門させるように厳命を下した。トレド大司教ロドリゴもアンダルスとマグレブにいる騎士たちに破門の脅かしを手紙で伝達したが、何の反応もなかったようである。ただしトレド大司教の手紙の調子は厳しいとはとても言えず、むしろ生ぬるい感じがする。言ったところで無駄なこととわかっていたのであろう。教皇の命に従うふりをしたに過ぎない。

カスティーリャの年代記もほとんどが騎士たちの行動を非難していない。たとえば重要なアルフォンソ一〇世の『第一総合年代記』は、助っ人キリスト教徒にしばしば言及するが、非難がましい言い方ではない。封建制社会では、仕えている君主や貴族が気に入らなければ、いつでも変更可能であるが、イベリア半島ではつねになんらかの形で南北間で交流があったがゆえに、国境と宗教を越えて主従関係の契約がなされたのである。国境を越えて生きる〈国境の人〉と呼べる集団である。イベリア半島固有の事象である。

つぎに、トレド解放後に盛んになった、皮肉な〈軍事活動〉を見てみよう。メセタ各地の都市が敢行するアンダルスへの略奪遠征である。これは戦争ではなく、一種の経済行為であった。戦利品は宝石・武器などの貴重品はもちろん、ありとあらゆる物資に及んだ。人間や家畜も対象となった。羊何百匹という大収穫も稀ではなかった。今日でも、家畜を〈取得した〉ことを意味する〈ガナド〉という言葉を使用するゆえんである。戦利品の重要性は、各都市のフエロで分配の仕方など、詳細に規定していることでも明らかである。戦利品は市場にも出回るので、商業の発展を促した。略奪遠征を成功させるため、軍馬、運搬用のラバとロバの飼育を盛んにし、刀剣類・甲冑の手工業を発展させた。今日でいう軍需産業の興隆である。

略奪遠征は元をただせば、アンダルス最盛期にカリフたちが、中世初期、北部に興ったレオン王国やカスティーリャ王国のキリスト教諸国に対して行ったアセイファにある。アセイファとは次第に力をつけてきたキリスト教国に対する懲罰と略奪を目的とする、夏季軍事遠征を指す。キリスト教徒軍とイスラーム軍との最初の遭遇である。勢力が逆転した一二世紀において、立場を逆にして行われたのがキリスト教徒側による、略奪目的の騎馬隊遠征である。上述した平民から騎士への登用制度は国境防衛以外に、略奪遠征による富の獲得も相まって、多くの平民騎士を出現させたのである。

以上のように、ジハードを標榜したベルベル人王朝がアンダルスを支配した一二世紀においても、さまざまな形でカスティーリャ王国とアンダルスとは交流があった。トレドはとりわけアンダルスと接触する機会が多く、「国境の町」としての相貌を色濃く持ったのである。

以上、トレドの対外的交流の側面に光を当ててきた。では、トレド内部における異教徒間の関係はどのようなものであったのか、つぎに見てみよう。

（2）トレド市とその領域における異教徒間の交流

上述したように、トレド市内はもとより、その領域にはキリスト教徒（モサラベも含む）・ムデハル・ユダヤ教徒が共に生きていた。彼らはどのように接触し、隣人たちをどのように思っていたのであろうか。カスティーリャ王国が旧タイファ王国から引き継いだ領土は広大であり、ここにはタラベラ、マドリー、マケダ、アルカラー、グアダラハーラ等重要な町が存在する。後世『新カスティーリャ』と呼ばれることとなる地方である。それゆえ、トレド市からはやや離れてはいるが、この地方に存在する町や村も、視野に入れよう。

イスラームの中世都市では、人種、宗教などによって住分けるのが一般的であった。しかしトレドではそうではなかった。モサラベはキリスト教徒であるが、征服以前ムスリムとともに市内の至る所に住んでいた。キリスト教徒支配下に入ってからも、この状況は変わらなかった。入植してきたカスティーリャ人なども諸所に住んだ。ムデハルもわずかな人数となっていたが、集住していたわけではなかった。ユダヤ教徒だけが、一部を除いて自分たちだけの街区に住んでいた。しかし彼らは嫌われていたからではない。タイファ時代と同様一二世紀においても、モサラベの間で一定の敬意を払われていたことは、ユダヤ教徒に対し〈名誉ある～様〉といった敬語が使用されていたり、時にして大げさな尊敬語が用いられていたことがモサラベの史料に散見されることからも明白である。以下で触れるが、反ユダヤ主義はおもにフランス人によってイベリア半島にもたらされたのである。

混住は日常生活において、相互の接触を頻繁にする。イスラーム時代の制度・組織・慣習がそのまま維持されたので、異教徒同士が肩触れ合う日常生活に大きい変化はなかった。たとえば、スークと呼ばれた市場（九四頁参照）がいちばん接触の多い場であり、従来通りアラビア語が飛び交っていた。アラビア語はトレド市では長く使用され続けていた。このことが被征服民たるムデハルやユダヤ教徒にとって大いに精神安定剤となったであろう。結婚式や葬儀に異教徒が出席する習慣も継続された。少なくとも郊外の町や村では、それは普通のことであった。

職業についても、宗教上の差別はまったくなかった。後世キリスト教徒の商工業の同職組合が結成されるはるか以前の時代であり、さまざまな職種において、異教徒間の徒弟関係もみられた。当時主産業であった農業に、ユダヤ教徒もそれに従事するのは自然の成り行きであった。ユダヤ教徒は金貸しという、間違った通念が今なお払しょくされていないが、農業に従事する者が少なからずいたのである。自所地を所有したり、相当大きい農地を所有し、キリスト教徒小作人を抱える者もいた。しかし時代と共に、トレド大聖堂がこれらの農地を危機の時代に獲得し、徐々に所有地を拡大していった。その結果、借地農に転落する農民が増加していったことも事実である。

農作業には協力が欠かせなかった。共有地や牧草地・放牧地の使用には、異教徒であっても協力は必須であった。タホ河での釣り、水車の使用、用水路の建造、羊毛の洗浄などもユダヤ教徒にも認められていたので、異教徒間の話し合い、協力は日常的になされた。トレド市がカスティーリャの都市となった時点で、当市のユダヤ人共同体はすでに半島最大であったが、アルモアーデの宗教弾圧によってアンダルスから多くの同宗の者が移住してきたので、さらに大きい共同体となった。彼らはトレド市から少し遠いがマケダ、トリホス、イジェスカス、モカホンその他にも定住し、農業に従事していたことは、レオン・テーリョの研究やゴンサレス・パレンシアの史料集からも確認できる。後世ユダヤ教徒弾圧が強まると、アンダルシアその他から、トレドからグアダラハラにかけての各地の町や村へと移住したので、農業従事者はさらに増加した。

この地方（今日ではグアダラハラ県に相当）は人口過疎で、大都市はなく大小の町や村があっただけで、農牧畜業を主産業としていた。それゆえ異教徒も入植を歓迎されて、ブイトラゴ、シグエンサ、ブリウエガ、イタなどにユダヤ人集落が形成されていった。一三八〇年以降この地の領主となった大貴族メンドサ家がユダヤ教徒とムデハルを優遇したので、反異教徒熱が高揚した時代においても、異教徒は平穏な日々を過ごすことができた。

トレドで異教徒がキリスト教徒と共存していたことは、フアン・ルイスの『よき愛の書』（一三三〇年初版・一三四三年改訂版）のなかの四旬節について、つぎのような言い回しがある。


「強大な謝肉祭の王は、神の恩寵によって、すべてのキリスト教徒、イスラーム教徒、ユダヤ教徒にたくさんの肉を食べさせ、健康であることを願う」


禁欲の四旬節があけたなら、みんな食べ放題だと言っているのであるが、キリスト教徒の宗教的慣習に異教徒にも呼びかけているのである。著者がイタの首席司祭であることが興味深い。中世文学はすべてと言っていいくらい、訓戒をたれ、抹香くさい。しかし『よき愛の書』は、皮肉と諧謔にあふれ、肉欲の愛を肯定しているようである。そのうえ異端的な言い回しも散見される。

この作品はリアリズムにあふれ、トレドの日常生活における歴史的現実を描写し、一四世紀のカスティーリャ社会の人間喜劇と言われてきたが、正鵠を射ている。聖職者であるにもかかわらず、このような本を著せたのは、かれの経歴によるのであろう。出自については長く議論されてきたが、最新の研究によれば、この僧はキリスト教徒の両親（結婚はしていなかった）の下で生まれ、人生の最初の一〇年をグラナダのタイファ王国（おそらくアルカラー・ラ・レアル）で過ごした。一〇代初め、父とともにカスティーリャに移住し、次第に教会組織で出世していった。トレド大聖堂の史料館にある書類のなかにファン・ルイスの名が出てくるし、ラテン語の手稿の楽譜において作曲者ヨハネス・ロデリシとしても出てくる。この二つの名前はロマンス語かラテン語かの違いにしかすぎない。ファン・ルイスが作曲家なら文中で示されるかれの音楽への関心も説明がつく。これらの事実は符牒が合っている。

図4-1　ムスリム楽師とキリスト教徒楽師

イスラーム世界で体験しなければ書けないようなことが書かれていることからしても、両者が同一人物である可能性は高い。*アメリコ・カストロの解釈によれば、聖と俗、肉欲と精神の間にはっきりと線を引くことなしに、人生全体を楽しむやり方は、キリスト教徒には異常であり、典型的なイスラーム・スタイルであるとする。その後イスラーム文化とキリスト教文化が混交していたトレドで勉強したことも重要である。文中に挟み込まれた小話、叙事詩、エピソードの数々は西欧キリスト教社会の伝統のなかに見出されるものである。

＊スペインの言語学者・歴史学者（一八八五〜一九七二年）。スペイン内戦の後アメリカに亡命し、プリンストン大学他で教えた。スペイン的なるものの形成における異教徒の存在を重視する歴史的解釈を打ち出し、イスラーム到来以前にスペインの基層は形成されていたとするサンチェス・アルボルノスと論争した。

本書の出版年は一四世紀中葉であり、この時代反ユダヤ感情がカスティーリャで中世盛期よりも強くなっていることを考えれば、トレドからイタを含むグアダラハラにかけての地方における異教徒間の交流は注目に値する事象である。なおイタは今日では寒村である。筆者が一九七一年に訪れた時すでにその趣を呈していた。しかしイスラーム時代では重要な要塞都市であり、キリスト教徒支配下に入ってからも相当の活力を維持した。アルフォンソ六世の年代記が、対アルモラビデ戦においてイタのミリシアが重要な役割を担ったと述べていることからも確かである。アラゴン王国に通じる要衝の地にあったことが繁栄の主な理由である。イタのユダヤ人共同体も相当の規模であった。中世末期に至っても大貴族メンドサ家の庇護もあって重要な共同体であり続けた。

ムデハルはトレド市内には多くいなかったが、周辺諸地域の領主所領で農業に従事する者がいた。領主たちは農業に熟達したムデハルを入植させるためによい条件を提示した。領主によっては、ムデハルの結婚式に贈り物をもって出席したり、結婚式の費用を貸してやったりした。ムデハルの結婚式は同宗の者はもちろん、キリスト教徒やユダヤ教徒など多数が出席し、祭りのような雰囲気になるので、多額の金が入り用になったからである。一三世紀になると、教会も各地の市当局もムデハルの結婚式への参加を禁止するようになるが、効果はなかったようである。同じ禁止令を何回も出していることがそれを物語る。

トレドの南部には、面積約三万平方キロメートルのラ・マンチャ地方が展開し、この地に約四〇の城塞網があり、約一六〇〇人の戦士と歩兵が防備を固めた。しかし一〇〇以上の町があり、人口規模は不明ながら、騎士・歩兵とともに農民・牧人が住み、農牧畜業に従事していた。この国境最前線の地がアルモアーデの攻撃に晒されるようになり、一一五八年カラトラバ騎士修道会が創建された。騎士修道会はシトー派の厳しい戒律のもとで、イスラームに闘いを挑むことを目的とするが、下賜された広大な所領への入植も重要な仕事としていた。

危険な国境地帯への入植であるがゆえに、好条件が提示された。イスラームと戦う集団であるにもかかわらず、ムスリムにも門戸は開かれていた。その結果、相当のムデハルが移住し、キリスト教徒とともに荘園経営の末端をになうこととなった。イスラームと戦う組織のなかに、イスラーム教徒が存在するという滑稽な状況になっているのである。

つぎに宗教を異にする者たちが共に従事した文化事業を見てみよう。すでに商業などにおいて、さまざまな人種・異教徒たちが交流し合った様子を取り上げたが、異教徒たちが協力し合って、ヨーロッパの知的発展に貢献した、重要極まりない翻訳・研究活動を以下に見てみよう。

3　翻訳活動

一二世紀のトレド市において行われた、アラビア、ギリシャ、ペルシャなどを起源とする自然科学や哲学の諸作品をラテン語やカスティーリャ語に翻訳する知的営為を「トレド翻訳学派」とか「トレド翻訳学校」と呼んできた。古代ギリシャの古典がトレドで翻訳されたとして、ではなぜそのような古典がトレドにあったのか。このことをまず簡潔に説明したい。

（1）ギリシャ古典がイベリア半島まで伝わった歴史的背景

ローマ帝国は三九五年東西に分裂し、西ヨーロッパはゲルマン諸部族の大移動によって荒廃し、文化・文明水準を著しく低下させた。他方東ローマ帝国（ビザンツ帝国）は東西交易を支配し、繁栄を極めた。帝国の首都コンスタンティノープルは政治・経済・文化その他すべての活動の中心であり、古代ギリシャ文明を継承していった。

他方イスラーム勢力は、七世紀から八世紀にかけ大規模な征服活動に乗り出し、東は、六三三年イラクとシリアに攻撃をしかけ、六四二年にササン朝ペルシャを滅ぼした。次いで六五五年ホラサーン地方、六六四年にはアフガニスタンのカブールを征服した。八世紀初頭にはインダス河流域に達し、七五一年、天山山脈の西、タラス川で唐の軍隊と衝突し、これを破った。製紙法を知る契機となった有名な戦いである。他方西は八世紀初頭までに中東、北アフリカ、イベリア半島を支配下におさめるに至った。

この東方大征服過程において、イスラームは多種多様の高度な文化・文明に接触し、これらを自分たちのものにしようとした。これがアラブ人の立派なところである。征服地において戦利品を獲得すれば事足れりという民族ではない。クルアーンの言葉であるアラビア語に自信と誇りをもつ民族である。ムハンマドの言行を伝える伝承（ハディース）には、「知識を求めよ。たとえ、中国であろうとも」という預言者の言葉がある。この言葉をよく理解していた彼らは、ペルシャを征服した時、ギリシャ学の研究所があり、そこにおいてギリシャの諸学問がシリア語に翻訳され、研究されている事実に遭遇した。アラブ人たちもこれを鑑とし、シリア語に訳された学術書をアラビア語に翻訳する作業に乗り出した。このようにウマイヤ朝に始まったギリシャ学問の摂取は、アッバス朝になってバグダードにギリシャ語文献を主とする図書館を建設したりすることによって本格化した。しかし彼らは単なる翻訳者ではない。獲得した知識をさらに深化させ、そこから独自の思想、哲学、神学、法学、歴史学、文学、クルアーンの解釈学、伝承学など多岐にわたる分野を開拓し、さらには自然科学と数学において偉大な功績を残していったのである。

他方イベリア半島に成立した後ウマイヤ朝は当初はさまざまな反乱に悩まされたが、一定の平穏を回復すると、東のアッバス朝を意識しながら、自らのアイデンティティと国の組織を考えるようになった。都コルドバに居住するエミール（アミール・総督）は独立志向を強め、バグダードに対抗意識をもちながらも、そこの行政組織と宮廷儀式を採用した。アンダルスの若者たちは、〈先進国〉

のカイロ、バグダード、ダマスクスなどの都市に好んで留学した。彼らはつねに東方の文化や流行に関心があり、それらを取り入れるのに熱心であった。

この「アンダルスのウマイヤ朝」は一〇世紀に最盛期を迎えるようになると、自信をもつようになり、独立志向を強めた。アブドゥッラフマーン三世は九二九年自らカリフ宣言をだし、名実ともにアンダルスは独立を果たした。衰退しつつあったアッバス朝を尻目に、「アンダルスのウマイヤ朝」は未曾有の政治的・経済的発展をとげ、偉大な学術上の成果を数多く生み出した。ハカム二世(九六一〜九七六年)はとりわけ学術の発展に力をつくし、建設した図書館は四〇万冊の蔵書を誇ったと言われる。当然のこととして、この蔵書のなかにはアラビア語に翻訳されたギリシャの古典が含まれていた。さらに、イスラームの学者たちはこれら古典を研究し、多くの独創的な論文を追加していった。この大図書館以外にも小図書館が多数コルドバには存在し、あらゆる分野の研究が熱心に行われていた。この結果、イベリア半島にはイタリアをはるかに上回る、ギリシャとイスラームの原典が蓄積されることとなった。

しかしカリフ国は一〇三一年崩壊し、多数のタイファ王国に分裂してしまった。最初は四〇近くも数えたが、徐々に大が小を併呑し、約二〇カ国程度となった。だが幸いなことに、タイファ王国の中には、学問に関心を抱く国がいくつか存在し、学者たちはコルドバからそれらの国に移住して行った。このようにして、コルドバの学問重視の伝統はいくつかのタイファ王国に引き継がれていくことになった。

なかでも、とりわけ学術の発展に熱意を示したのがトレドのタイファであった。ことに一〇四三年から一〇七五年まで三二年間も王位についたアル・マムーンは、図書館を建設し、重要な古典叢書を収集するとともに、宮廷に一級の学者を招き、研究に従事させた。キリスト教徒の手に落ちたトレド市が翻訳の一番手になっていく、歴史的土壌がここに形成された。

（2）イベリア半島とトレドの翻訳活動

イベリア半島でコルドバの学問に最初に関心を寄せたのは、カタルーニャのリポール修道院であった。カタルーニャは当初はスペイン領土の一部ではなかった。フランスのカロリング朝が対イスラーム防御地域として創設した「イスパニア辺境領」から出発した地方である。そのため、いくつかの伯爵領から形成されたこの地方はフランスの政治・文化圏に属することとなった。一〇世紀後半、フランスのオーリャック出身のジェルベール（将来の教皇シルヴェストレ二世）がアラビアの学問の名声を耳にし、バルセロナにやって来てリポール修道院に身を寄せ、おもに数学と天文学に関する書物をコルドバから取り寄せ、翻訳に着手したのである。アストロラーベ（天文・航海用の天体観測儀、一三三頁参照）についての専門書を数冊翻訳したことが知られている。しかしこの一〇世紀のコルドバとの文化交流は次世代に引き継がれることなく、中断してしまった。

翻訳活動が再開されたのは、一一一八年北東に位置する有力タイファのサラゴサ（のちのアラゴン王国の首都）が陥落したあとのエブロ河流域の各地においてであった。これ以降パンプロナからトレドまで、ログローニョからバルセロナまで各地で行われるようになったのである。これらの地方における翻訳活動の全容は明らかではないが、次のようなことが分かっている。

陥落前のサラゴサのタイファはバヌー・フード朝の支配下にあり、この家門は学術愛好の家門であった。たんに学識者を支援し、学術の発展に力を注いだだけではなく、一〇四六年から一〇八一年まで王位に就いたアル・ムクタディルとその息子のアル・ムータマンは傑出した数学者であった。アル・ムータマンは『完全』として知られる幾何学についての概説書を書いたほどである。この本はユークリッドの『原論』、『与件』その他の著書に依拠するとされる。彼らはアラゴン王国のアルフォンソ一世「戦闘王」に城を明け渡した後、サラゴサの西約五〇キロにある小さな町ルエダ・デ・ハロンに居を構えた。ここに図書館をつくり所有していた蔵書を移して研究を続けた。

このような事情はほどなく内外の識者の知るところとなった。初期の研究者としてウゴー・デ・サンターリャという一人の地元民がいた。幸いなことに、一一一九年から一一五一年までタラソナの司教であったミゲールはアラビアの学問に関心をもっており、隣人同様のこのタイファ王から書物を借りることができた。ミゲールはウゴーに天文学、占星術、呪術、宇宙論などに関する文献を翻訳させた。

ほぼ同時代にエブロ河流域地方にやって来た二人の外国人がいた。一人は遠くダルマティア（クロアティアの沿岸部）からきたヘルマンである。出身地の地名をつけて「カリンティアのヘルマン」あるいは「ケルンテンのヘルマン」と言われた。故郷を離れシャルトルのティエリー（スコラ哲学者・神学者）の下で研鑽をつみ、一一三八年頃師の勧めもあってアラゴンにやってきたのである。一一四三年プトレマイオスの『球面平画法』を翻訳し、師に捧げた。その他アル・ファリズミ（フワーリズミー、クワリズムとも言われる）の『天文表』（『天体表』）など多数翻訳し、独自の研究成果である、宇宙生成についての『本質論』を著した。

もう一人はイギリスのチェスターからやって来たロバートである。「ケットンのロバート」とも言われるこのイギリス人は、一一四一年当地にやって来て研究に従事し、以下に述べるクルアーンの翻訳を成し遂げた人として知られている。のちにトゥデラの教会の参事会員となった。同時代にヘルマンもサラゴサ北西部にきて研究していたので、お互いに知り合うことができたはずである。また彼らは「尊者ピエール」とも知り合うこととなった。このクリュニー僧は有徳で微笑を絶やさぬ、包容力のある人物のゆえに、生前からこのように呼ばれていた。一一二二年以降クリュニー修道院の院長を務めたピエールは、イベリア半島に多数存在するクリュニー修道院の巡察のため、イスパニアに来ていて、エブロ河上流域で彼らと出会ったのである。このクリュニー僧は学問好きであるだけではなく、イスラーム教徒打倒のためイスラーム教を知ろうと考えていた。「はなはだしい毒で世界の半分を侵し、災いをもたらすものの歴史と教えに関する書、それにクルアーンと呼ばれる掟をラテン語に翻訳させることにした」のである。そこで今述べたロバートとヘルマンにクルアーンの翻訳を依頼した。多額の翻訳料を払うとともに、正確を期するためにムスリムを一人つけたほどである。カスティーリャにも赴き、トレドにも逗留したと思われる。幾人かの知識人を束ね、当時のイスラーム百科ともいうべき『トレド集成』を完成させたりしているからである。一一四二年、アラゴン王アルフォンソ一世に謁見したが、トレドにおいてはカスティーリャ王アルフォンソ七世とも懇談したに違いない。

以上のような翻訳にはアラビア語を理解したユダヤ教徒がおもに参加したと思われる。サラゴサからエブロ河を少々遡上した所にある町トゥデラには重要なユダヤ教徒共同体が存在したからでもある。この町は、有名なユダヤ人学者、アブラハム・ベン・エズラ（一〇八六～一一六四年）とユダ・ハーレビー（一一四一年死）の故郷である。イスラーム研究に関心のある司教の支援とユダヤ教徒の協力があればこそ、アラビア語原典の翻訳が可能となったのである。

エブロ河流域地方でも行われた翻訳活動から、本題のトレドにおける翻訳活動に移ろう。

上述した歴史的過程をへて、トレドにはアラビア語で書かれた、貴重な手稿・書物が蓄積されていた。この事実はすでに他のヨーロッパ諸国の知識人たちの間で知れわたっていた。しかしトレドは陥落後すぐに翻訳活動を始められる状況にはなかった。アルフォンソ六世はアルモラビデの脅威や王位継承問題などに関わる難しい政治情勢のなかで、学問に時間を割く余裕などなかった。初代トレド大司教ベルナールも多忙であり、イスラームとはともに天を戴かずの心境の持ち主であったので、イスラーム研究などは頭の隅にもなかった。

ようやくアルモラビデの脅威が後退し、タイファ諸国が復活した一二世紀三〇年代に入り、イスラーム研究への余裕が生まれた。当時国王はアルフォンソ七世となり、トレド大司教はライムンドに代っていた。最初に翻訳と研究に取り掛かったのは、地元のファン・デ・セビーリャ（別名ファン・イスパノ）である。彼はモサラベと推定され、一一三三年から一一四二年にかけ、科学の専門書を幾点かアラビア語からラテン語に翻訳した。たとえばクスター・イブン・ルカーの小論文「精神と魂の違いについて」であり、これは大司教ライムンドに捧げられた。この翻訳に協力したのがドミンゴ・グンディサルボである。彼は元セゴビアの助祭長であったが、トレドに研究するためにやってきた。グンディサルボは単なる翻訳者に留まらなかった。哲学の本を五冊書き、そのうちもっとも重要なのが『哲学の区分』である。この書物のなかで、ヨーロッパの伝統的な四学科（算術・幾何学・天文学・音楽）の分野に、アラブ・アリストテレスの物理学・心理学・形而上学を加えることを推奨することによって、一三世紀ヨーロッパの大学の新たな学問体系を先取りしたのである。

このようにして始まった翻訳活動は、一二世紀後半になり一人のイタリア人の到来によって弾みがついた。「クレモナのゲラルド（ジェラルド）」である。当時の研究者たちが最大の関心を寄せていた分野は天文学であり、この分野ではトレドが比類なき名声を博していた。タイファ時代のトレドには天文学者のアル・ザルカーリーがいた。この賢人は水力時計などの機械を造った技術者であったが、「天文表」を作成したことでとりわけ有名である。これは後にラテン語に翻訳され「トレド表」として知られ、当時におけるもっとも正確な天文学の計算表である。アル・ザルカーリーはトレド陥落の年にコルドバに移住してしまったが、彼によって広められた「天文学のトレド」を慕って、ゲラルドもやって来たのである。

ロンバルディアのクレモナからはるばる一一三四年トレドにやって来た、この学究はまずアラビア語を勉強した。そのかたわらモサラベ、ユダヤ人、カスティーリャ人と親交を深め、翻訳集団を結成し、そのリーダーとなった。そしてついに宿願のプトレマイオスの『アルマゲスト』を一一七五年にラテン語に翻訳した。プトレマイオスは二世紀のアレクサンドリアの天文学者で、コペルニクスが出る以前に天動説の数学的体系を緻密に構築した、古代天文学の大成者である。本書は一千数百年にわたる長期間、天文学の分野で圧倒的な地位を誇った。それだけにゲラルドの『アルマゲスト』に対する熱意は言葉に尽くせないほどであった。しかしこの翻訳だけに満足せず、かれの指導のもとにユークリッド、アリストテレス、エウクレイドス、アルキメデス、アポロニオス、ガレノス、などのギリシャ起源の原典はもとより、アル・ファリズミ、アル・キンディー、アル・ファーラービー、ラーゼス（アル・ラージー）、アヴィケンナ（イブン・シーナー）などの偉大なアラビア人学者の哲学、科学、数学、医学などに関する一〇〇冊近い著作をアラビア語からラテン語に翻訳した。ゲラルドは終生研究に没頭し、産土《うぶすな》に戻ることなく、一一八七年トレドで没した。

この壮大な翻訳活動によって、古代ギリシャとアラビアの学術上の偉大な成果が西ヨーロッパにもたらされることになった。折しも一二世紀の西ヨーロッパは経済的発展を基盤に、知的水準が向上し、学問に関心をよせる余裕が生まれつつあった。にもかかわらず西ヨーロッパには、学術的価値のある原典は決定的に不足していた。フランスのスコラ学者アベラールのような研究者が利用できたギリシャの古典は、古代末期以来西ヨーロッパに残されていたアリストテレスの旧倫理学に関する論文など、わずかの作品だけであった。この学術書の不在と知的渇望が他のヨーロッパ諸国の学問好きの目をイスパニアに向けさせることになったのである。

イギリス人研究者もドーバー海峡を渡りトレドにやって来た。そのひとつのきっかけとなったのが、ペドロ・アルフォンソというコンベルソ（改宗者）であった。かれはモセー・セファルディという名のユダヤ教徒であったが、一一〇六年アラゴン王国のウエスカで洗礼を受け、庇護者のアラゴン王アルフォンソ一世の名を賜り、この名になったとされる。アルフォンソは医師であったが、天文学者としても尊敬されていた。かれは一一一〇年か一一年にイギリスに渡り、ヘンリー一世の侍医となった。その時国王にアラビア語の原典を示し、アラビア科学の高い研究水準を説明した。すでにイギリスにおいては科学研究の下地が出来つつあり、ペドロ・アルフォンソは多くの弟子をもった。その筆頭はウオーチャーである。かれはフランスのロレーヌ出身の修道僧であり、モーヴァン分院長としての務めを果たしながら、天文学を研究していた。イスパニアからやって来たアルフォンソと出会い、その指導の下で研究を深化させ、『竜について』という本を出版するまでになった。「バースのアデラード」もアルフォンソの薫陶を受けたと推定されている。これら弟子たちのなかからイスパニアに行こうとする者がでてきた。アデラードがそのひとりである。

アデラードはイタリアから遠くシリア、パレスティナにまで旅し、最後にはイスパニアにまでやって来た精力的な学者であった。かれがトレドに居たという証拠はないが、確かなことは、かれがペドロ・アルフォンソの学統を受け継いでいることである。かれが翻訳したアル・ファアリズミの『天文表』には、アルフォンソがかつてコルドバにおいて行った学説の訂正が再現されているからである。数多くの翻訳を成就したが、ユークリッドの『幾何学原論』一五巻のラテン語訳が際立っている。ゲラルドとケルンテンのヘルマンも翻訳したが、アデラードの翻訳がもっとも普及したと言われる。この学徒は長い研究の旅を終え、一一二六年バースに戻った。帰国後少なくとも一六年間生きたが、生涯自然科学への情熱を燃やし続けたと言われる。

アデラードの影響は大きく、かれとウオーチャーが礎となった科学の伝統は、一二世紀のロバート・グロテストとロジャー・ベーコンへと繋がっていき、イギリス科学研究の伝統が確立されていくことになる。哲学に傾倒した大陸と好対照をなす。

ダニエル・モーリーはオックスフォードとパリで学んだが、とりわけパリでの学問不毛に失望し、一一八〇年にトレドに来て、約二〇年間を当地で過ごした。その間ゲラルドに学び、師の指導の下で、医学、天文学、錬金術、数学、哲学、論理学などのアラビア語テキストのラテン語への翻訳に取り組んだ。翻訳のかたわら『哲学』を著した。この書物はかれのパトロンであったノリッジ司教オックスフォードのジョンに捧げられた。イギリスへの帰国に際しては、多数の書物を持ち帰ったとされる。

以上のように、幾多の外国人がイスパニアとりわけトレドにやって来て、トレド人と協力して、アラビア語文献の研究と翻訳に邁進した。トレドは一三世紀になっても、重要な翻訳の街であり続けた。しかし一二世紀とは異なる条件のもとで行われるようになる。それゆえ一三世紀の翻訳については章を改めて取り上げることとし、ここでは、一二世紀に行われた翻訳活動の具体的状況を説明しておこう。

（3）翻訳の支援者・方法・分野

グンディサルボのような地元の人間は一定の経済的目途は立っていたであろう。しかし外国からやって来た研究者たちは経済的基盤をどこに求めていたのであろうか。旅費以外に当座の生活費は準備してきたにしても、長期の滞在となると生活の糧が必要となる。従来の解釈では、ライムンド大司教が翻訳の旗振り役であるかのように言われ、彼が翻訳者の生活も支えてきたかのように漠然と見なされてきた。ライムンドを支援者とする根拠は、上述したように、フアン・デ・セビーリャが訳書のひとつに記したライムンドに対する献辞であり、他にはない。

今日でも異なる見解が見られ、必ずしも意見の一致をみているわけではない。しかしはるばる異国の地まで研究にやって来た上述の人々は、トレド大司教たちに好意的に受け入れられたことは確かである。直接・間接の史料から、地元の研究者も外国人研究者たちも、聖堂参事会員に迎えられ、それからの収入で生活を支えたと見なされるようになっている。すでにアラゴン王国のエブロ河上流域の例を挙げたが、トレドではたとえばグンディサルボは一一六二年から一一七八年まで参事会の議事録に署名しているので、参事会員であったことは明らかである。クレモナのゲラルドは聖堂の権利証書台帳に一一五七年から一一七六年の間、参事会員の資格で登場する。一二世紀における聖堂参事会員の聖職禄については、正確にはわかっていないが、中世後期以降では垂涎の的となるほどであった事実から判断して、相当の額であったに違いない。

大聖堂側も優秀な参事会員を必要とする事情があった。参事会員の仕事は司教を補佐することであるが、多岐にわたる仕事があった。たとえば、大司教座の文書局においては、公文書や書簡の作成、大司教を筆頭に前任者たちの事績録の作成、規則の制定と司教裁判所の開廷などが行われる。参事会はまた知的生活の中心であった。通常は付属の学校があり、そこの校長や教師を参事会員が務めた。勉強には書籍が必要であり、その収集と管理の仕事が付随した。そのため学識者や法律家を抱えることが不可欠となり、その結果自然と司教座宮廷が形成されることとなった。戦争遂行型社会のカスティーリャにおいては、知識人が決定的に不足していた。そのため外国からの知識人は大いに歓迎されたのであろう。国王もイスパニアの文化水準の低さを自覚していたので、サンチョ大王以来イスパニアの〈西欧化〉を目指してきた。西ヨーロッパの諸事情を知るうえでも外国の知識人を歓待した。そうしたイスパニアの事情から、クレモナのゲラルドたちは異郷の地においてもなんら生活の不安もなく、翻訳に専念できたであろう。

スポンサーとしての大司教のテーマに戻ろう。今日ではライムンド大司教（一一二五～五二年）だけではなく、次のファン大司教（一一五二～六六年）も研究者たちを支援したと見なされるようになっている。むしろファンの方が積極的な支援を施したとみなす見解が有力視されるようになった。これら大司教はすべてクリュニー僧であり、フランス人であるが、イスパニアではこのように呼ばれている。フルネームは長く、覚えにくいので、簡略化し名前だけにした。

しかし彼らは翻訳を奨励・率先したり、翻訳に直接関与することもなく、仕事の場や宿舎を提供することもなかった。外国からやって来た研究者はフランス人街に住んだ。翻訳作業の場として、タイファ時代の図書館、大聖堂や教会の学校、クルアーンの学校、シナゴーグの学校などがあったので、それらのどれかを利用したのであろう。したがって「トレド翻訳学校」と通称されてきたような組織が存在した訳ではない。しかしゲラルドが翻訳者集団を統率した事実は歴然としている。一一八七年七三歳で死亡した時、同僚と弟子たちが七一点の翻訳作品をリストにし、マエストロ・ゲラルドに賛辞を捧げているからである。先に百点近い翻訳を成し遂げたと述べたが、それは近代の学者が新たに訳書を発見した時、しばしばそれをゲラルドに帰したからである。プトレマイオスへの愛のゆえにトレドにやって来た、この学者の業績は『アルマゲスト』の研究にとどまらなかった。もともとからアラビア語で書かれた原典であれ、ギリシャ語からアラビア語に訳された原典であれ、すべての学問分野に取り組み、百科全書主義と呼べるほどであった。寝食を忘れるほどの研究姿勢に多くの弟子が感銘し、マエストロ・ゲラルド率いる翻訳工房といった雰囲気になっていったと推定される。

またトレド大聖堂の参事会への知識人の登用は、意識されていなかったにせよ、目に見えない効用をもたらしたであろう。同じ組織に属することによって、一種の共同体精神が醸成されることになった。翻訳は研究者の自発的行為であるが、参事会員という特権的地位は一種のステイタスをもたらすことにもなったであろう。このような要因が次に述べる翻訳の共同作業を進めるうえでプラスに働いたであろう。それゆえ、「翻訳学校」というより、「翻訳工房」とか「翻訳者グループ」と呼ぶ方が適切であろう。

翻訳の多くはアラビア語で書かれた文献をラテン語になおす作業である。ラテン語に訳したのは、ラテン語が中世の学術用語であったからである。トレドにはアラビア語を自在に操れるモサラベとユダヤ教徒がいた。モサラベはキリスト教徒であるので、教養人はラテン語も読めた。それゆえにモサラベが翻訳作業における最良の協力者であった。たとえばガーリブと通称されるモサラベが翻訳に際し重要な役割を担ったことが史料で確認されている。しかしユダヤ教徒も語学が堪能で教養があり、知的水準も高いので、かけがえのない協力者であったことは間違いない。ムスリムの知識人たちは、上述のようにトレド陥落前後に南のアンダルスへと去ったので、この翻訳作業には加わらなかった。

したがって、キリスト教徒、モサラベ、ユダヤ教徒の三者が協力しあって翻訳が行われたことになる。しかし翻訳は何十年にも及ぶ活動であるので、時間の経過とともに、研究者たちもアラビア語を習得するようになり、介在者なしに直接翻訳するようになった。クレモナのゲフルドはイスパニアにやって来る前から相当の研究歴があり、トレドに来てからはアラビア語も習得したので、語学の壁を乗り越えた、トレドにおける最初の外国人研究者であったであろう。

ゲラルドにつづき、ダニエル・モーリーもアラビア語を習得し、自ら翻訳するようになった。

しかし言葉ができても専門書の翻訳ができるとは限らない。地元民のグンディサルボは相当の研究者であったが、専門は哲学であり、すべてに通じていたわけではない。ゲラルドほどの才人でも、原典の翻訳には苦労したであろう。哲学も大いに翻訳されたが、とりわけ科学の翻訳が重視された。西欧の学問分野のなかで、科学の研究が決定的に遅れていたからである。数学ではユークリッド、天文学ではプトレマイオス、医学ではヒポクラテスとガレノス、さらに自然学、論理学、倫理学ではアリストテレスなどであり、これらの分野がいちばん希求された。これらの分野すべてをゲラルドですら理解していたとは考えられない。そうすると、原文の言葉を逐一ラテン語に置き換えるより方法はない。文脈も個々の慣用句の含意も無視して、すべてのアラビア語の単語を対応するラテン語に置き換えて、順序どおり並べることになる。その結果、意味不明、理解不可能という訳になりがちであった。そもそもアラビア語の原典といっても、ギリシャ語からシリア語やアラビア語に訳される過程で誤訳もあったであろう。重訳の弊害である。それゆえにギリシャ語から直接翻訳することが望ましいが、それはまだ少なかった。それでも、フアン・デ・セビーリャのように正確な翻訳を心がけ、意味不明の直訳をやり直すよう指示する人もいた。一三世紀、経験主義科学の理念的基礎を確立したイギリスの哲学者・自然学者、ロジャー・ベーコンは、上述したバースのアデラードが訳した著作から多大の影響を受けたが、「翻訳者は科学も言葉も知らない奴らだ」とこき下ろしたと言われる。

翻訳が不完全であったことは致し方ないことである。それによって翻訳者たちの功績が損なわれることはない。彼らは「一二世紀ルネサンス」の草分けである。本章はイスラームの遺産の学術的内容と価値を述べることを目的としていない。トレドにおいてなされた、偉大な翻訳活動の歴史的背景を述べることである。モサラベ、キリスト教徒、ユダヤ教徒たちの協力とトレド大司教の間接的支援によってなされたことを述べた。一二世紀のイベリア半島は、北アフリカからのアルモラビデとアルモアーデの原理主義的イスラーム教徒の到来によって、宗教上の緊張が高まった時代である。しかし時にして武力衝突があったにもかかわらず、アンダルスとカスティーリャの交流は続いた。危険な国境の町であるにもかかわらず、トレドには外国人がやってきて、国際都市の相貌を呈していた。

以上宗教を異にする人々の多様な交流とピレネー山脈を越えてトレドにやって来た研究者たちの翻訳活動での協力など、国際都市トレドの姿を述べた。しかしトレドは他のヨーロッパ諸国の人々からは別の見方をされていたようである。そもそもアラビア風のキリスト教徒（モサラベ）がいる町などは胡散臭い町だと見なしていた。さらに大衆教育が普及せず、識字率のきわめて低い時代では、字を読む能力と魔術使いは一般大衆の心の中では同じようなものであった。宗教と直接関係しない内容の本を理解する能力は、悪魔のインスピレーションによるのだと考えられており、イスラームの科学を研究する学者は特別の疑いの目でもって見られた。上述した、最初のラテン世界の学者の一人であるオーリャックのジェルベールは、一三世期初期に出回っていたひとつの書物によると、「フランスにおける最良の降霊術師（死者との交霊によって未来を占う人）である」。イスラームに対するこのような偏見がないだけでもトレドは国際都市であると言えよう。

このような外国との知的交流は一三世紀にも継続されていく。翻訳活動も続く。しかし一三世紀は政治的・軍事的大変動の時代であった。それについては第Ⅵ章で述べることとし、その前にイスラーム文明・文化の光輝がどれほど深くイスパニアに及んだかを取り上げてみよう。

V

アラビア文化の横溢

サアグンにあるサン・ティルソ修道院。旧カスティーリャにまでムデハル様式が浸透した一例。

1　アラビア語の使用

一九五〇年代から六〇年代にかけて、スペイン、より具体的にはカスティーリャ形成の歴史的・文化的要因をめぐって、大論争が展開された。ここではそれに立ち入る余裕はないので、言語についてのみ言及したい。碩学サンチェス・アルボルノスは、モサラベたちはイスラーム支配下においても自分たちの文化を守り、ロマンス語（カスティーリャ語など）を話し続けたと主張した。トレドのモサラベのアラビア語文献は、アルハミア語で書かれているとも言った。アルハミア語とはアラビア文字で書かれたロマンス語のことであり、トレド奪還後やって来た北部キリスト教徒に対して、自分たちを守るための暗号的性格の言葉だと考えた。要するにアラビア語をモサラベたちは話さなかったと見なした。スペイン形成において、イスラーム的要因を軽視し、ローマ時代以降の文化的基層が脈々と引き継がれていたと解釈するサンチェス・アルボルノスは、モサラベたちがアラビア語を話し、アラビアの習慣に染まっていたなどとは、到底認めることはできなかったのである。

しかし今日では、M・アシン・パラシオスなどのスペイン人アラビア学者、モレナーやギシャールなどのフランス人研究者は、サンチェス・アルボルノスの見解をきっぱりと否定し、アラビア語を話していたとする。モサラベを、国民的・宗教的・文化的抵抗の象徴的存在として提起したサンチェス・アルボルノス説は、意味のない時代錯誤となってしまった。

イスラーム時代、トレドで話されていた言葉はアラビア語である。ムスリムはむろんのこと、モサラベもユダヤ教徒もアラビア語を話し、公的書類のみならず、売買契約書や公証人作成書類など、あらゆる書類はアラビア語で書かれた。キリスト教徒の都市となった一〇八五年以降もアラビア語は使用され続けた。アラビア語使用の主体はモサラベであった。彼らはロマンス語ではなくアラビア語をイスラーム時代も、キリスト教徒時代も話し続けたのである。モサラベ人口はトレド征服直後では全人口の二〇〜二五パーセント程度とされるが、上述したように、一二世紀にはアルモラビデ、とりわけアルモアーデの迫害を逃れてトレドにも多数移住し、「ラテン教区」に組み入れられた結果、モサラベ人口は著しく増加した。

たんに数的増加だけではなく、上述したようにアルフォンソ六世によって市の要職に任命されたが、時を経るうちに有力家門となるモサラベもでてきた。カスティーリャ史に名を留めることとなった家門の典型を示そう。一二世紀中葉、市の警察長官を務めたイジャーン・ペレスというモサラベがいた。この人物は、同じく市の重要職についていた同名の人物と区別するために、所属するモサラベ教会の名をとって「サン・ロマーンの」と通称された。この家門は息子エステバン・イジャーンの代（一二〜一三世紀交）になって飛躍的に伸張した。エステバンは警察長官兼判事を務めるかたわら、アルフォンソ八世を陰に日向に支え、家門を盤石なものとした。一四世紀になるとアルバレス・デ・トレド家を名乗れる家門を二門つくり、世紀中葉、ガルシア・アルバレス・デ・トレドとフェルナン・アルバレスの二兄弟はペドロ／エンリケ戦争（後述）においてエンリケ側について勝利に貢献し、多大な恩賞に与った。一五世紀には、この二門はオロペサ伯爵とアルバ公爵という爵位を国王から下賜され、スペインを代表する大貴族となった。今日まで存続するアルバ公爵家の邸宅はマドリー市内にあり、祖先がモサラベであったことに驚かされる。

聖界への進出も目覚ましい。トレド解放後はクリュニー僧がトレド大司教の地位についたが、一三世紀末から一四世紀前半にかけては、モサラベが三代連続してその地位についた。ゴンサーロ・ガルシア・グディエル（一二八〇～九九年）、ゴンサーロ・ディアス・パロメケ（一二九九～一三一〇年）、グティエレ・ゴメス（一三一〇～一九年）がそうであり、その後もモサラベのパスコ・フェルナンデス（一三五三～六二年）が大司教に任命された。この時代はトレドのモサラベの絶頂期である。

このようにモサラベの影響力は強く、アラビア語が少なくとも一三世紀前半までトレドで使用され続けたのである。たんに話し言葉であっただけではなく、書き言葉でもあった。一二～一三世紀のトレド市の書類の大部分がアラビア語で書かれていたことからも明白である。

ユダヤ教徒も同宗の者の間では、ヘブライ語で話したが、公的にはアラビア語を使用した。一三九一年の悲劇的なポグロム（ユダヤ教徒虐殺）までは、自分たちの書類においてアラビア語を使用し続けた。この悲劇によって多数キリスト教への改宗を余儀なくされてから、アラビア語を捨てざるをえなくなったのである。

このようにアラビア語を話す人口が多数を占め、かつ教育水準・文化水準が高いこともあって、アラビア語はトレドでキリスト教徒支配下になってからも、長く使用されつづけたのである。入植してきたカスティーリャ人もフランク人も文化水準ははるかに低く、逆にアラビア文化に染まってしまったほどである。とりわけフランク人のモサラベ化は際立つ。彼らはおもにフランク人街に住む商人や手工業者であり、しばしばその大多数が元奴隷と推定されるムスリム女性と結婚したりした。それは名前から明らかである。たとえば、一一三四〜三九年にボードゥアン・コリアールはムーニーナという女性と結婚した。一一五六年には、アラルドゥ・エル・フランコはモリスキタという女性と結婚した。アラルドゥ・エル・フランコという名は、フランク人のアラルドゥという意味の呼称である。モリスキタはモーロ女の愛称的表現である。ポンス・デ・ボルドーは一二〇三年マリーナという女性と結婚した。ポンス・デ・ボルドーは「ボルドーから来たポンス」の謂《い》いである。この時代、呼称か姓名か曖昧であるが、モレナーはこれらの例を挙げながら、フランク人が現地に同化していった様子を明らかにする。

カスティーリャ人が数的にモサラベやユダヤ教徒を圧倒するようになったのは、一三世紀前半のアンダルシア地方をイスラームから取り戻し、大量のキリスト教徒が北から入植するようになってからである。モサラベもカスティーリャ社会で重要な地位につくようになると、カスティーリャ化し、ラテン化し、ヨーロッパ化していったのである。このような時代の変化によって、一三世紀中葉以降アラビア語は次第に影が薄くなっていった。一三世紀から一四世紀にかけての時代に、公証人の書類からアラビア語は書き言葉としては姿を消していった。しかしそれでも、アラビア語が一四世紀初期よりさらに先までも、書き言葉として広く使われていたことを窺わせる間接的証拠がある。たとえば、公証人作成書類はカスティーリャ語で書かれることとなったが、その後五〇年間ほどは、公証人はアラビア文字で自分の名を署名し続けたのである。またアラビア語で書かれた文書をカスティーリャ語に翻訳するために、裁判官を補佐する、アラビア語を理解する公証人がいた。もうひとつ例をあげよう。スエル・テジェス・デ・メネセスという名士がトレドにいた。この貴人はもともとカスティーリャ・レオン地方の出身であるが、トレドに移住してから市の古いモサラベ家門の娘と結婚した。一三三五年、この人物が市内に邸宅をつくった時、主門を細工が施された扉の上部に渡す横木で飾ったが、そこに建設者の名と工事完了の日付をアラビア語で書いた銘をいれたのである。このことはアラビア語がこの時点で依然として愛着をもたれ、少なくとも一定程度一般の人にも理解されてもいたことを物語る。

以上のように、アラビア語はキリスト教徒支配下となってから一世紀以上もの間トレドにおいては、話し言葉であり書き言葉であり続けた。その言葉を自家薬籠中のものとしていたモサラベは、北から移住してきたキリスト教徒を逆に自分たちの文化と習慣に馴染ませてしまった。サンチェス・アルボルノスの衣鉢をついだレイナ・パストールは、モサラベはいかがわしい宗教儀式を行う少数集団として弾圧され、経済的にも市近郊に所有していた農地を失い、零落していき、最後には北からのキリスト教徒によって同化・吸収されていったと主張した。零落したモサラベが相当いたことは事実である。強欲なトレド大聖堂は危機の時代に困窮した農民から土地を買い上げたり、貸した金の返済不能の代償として土地を没収したりして、カスティーリャ王国最大の土地所有者となった。また北からのキリスト教徒のなかには、モサラベを軽蔑した人々がいたことも事実である。しかしモサラベは全体的に教養豊かであり、イスラーム支配下を生き抜いてきた、強い精神力の持ち主でもあった。それゆえに、黒死病の蔓延、王位継承にまつわる内乱、反異教徒熱の高揚の一四世紀を生き抜き、キリスト教社会の中枢にまで登っていった貴族がいたことも紛れもない事実である。先述のように、有名な翻訳事業においてもアラビア語の理解力と教養で多大の貢献もした。一〇八五年以降一三世紀中葉ころまで、モサラベの方がカスティーリャ人よりも重要な役割を果たしたことは間違いない。レイナ・パストールの見解は今や過去のものとなった。

ただし、イベリア半島で話されていたアラビア語は、クルアーンのなかで使用されている〈標準語〉ではない、イスパニア風地方語、換言すれば「イスパニア・アラビア語」であるとモレナーは言う。しかしそれは自然なことであり、広大なイスラーム支配圏において、どこでも〈標準アラビア語〉を話すわけはない、だからと言ってエジプト・アラビア語とか、モロッコ・アラビア語とは誰も言わないとも言う。

2 ムデハル様式の採用

一一〜一二世紀のヨーロッパはロマネスクの時代である。この美術様式がフランスからイスパニアに入ってきた最初はカタルーニャであった。一〇二〇〜一〇三二年頃に建設されたリポール大修道院聖堂は、カタルーニャ・ロマネスクの傑作である。フランスの影響著しいカタルーニャには、ロマネスク様式の教会堂は数多く存在する。しかしカスティーリャ王国では事情が異なる。フランス系のロマネスク様式は、一一世紀中葉以降クリュニー修道士やフランスの遍歴職人たちによってもたらされた。しかしカスティーリャ全体に広まることはなく、おもにサンティアゴ・デ・コンポステラへの巡礼路沿いの地方にとどまる。もっともロマネスクとムデハルの混交は各地で見られるが。

この時代のイスパニアにおける建築・美術様式の主流はムデハル様式である。イスラーム建築・美術様式をキリスト教徒支配下において継承・実行したのがムデハルであったと考えられ、そこから「ムデハル様式」（ムデハル美術）と後世の歴史家・美術史家が言うようになった。しかしイスラーム様式をキリスト教世界に移植させたという点では、ムデハルよりもモサラベの方が主役であると今日では考えられるようになっている。

最初に北部キリスト教世界にムデハル様式をもたらしたのはモサラベであった。九世紀のウマイヤ朝時代における、北のキリスト教国との国境地帯におけるベルベル人たちの分離・独立の動きやアンダルス内部の社会紛争にモサラベが裏で加担したとの嫌疑によって、モサラベが迫害を受けることがあった。これを嫌ったモサラベが新しく勃興したレオン王国やカスティーリャ王国に移住した時、イスラーム建築・美術様式をもたらしたのである。たとえば、レオン近郊のサン・ミゲール・

デ・ラ・エスカラーダ教会は、九一三年頃の建造で、モサラベ教会堂の中でもっとも見事かつ大規模である。同じくレオン近郊にあるサンティアゴ・デ・ペニャルバ教会は、九一九年頃の建築であり、二ベイからなる身廊をもつ、重要な教会堂のひとつである。サンタンデール近郊のサンタ・マリア・デ・レベーニャ教会は、九二四年頃の建造で、アストゥリアス地方固有の特徴をいくつか持つが、アーケードのアーチは馬蹄形で、その細部はコルドバ様式である。（ロマネスク様式では、アーチは半円形であるのに対し、イスラーム様式では馬の蹄のような形をしているのでこのように呼ばれている）

トレド征服後は、周辺の諸地方はともかく、市内に残留したムスリムは少なく、ムデハルのイスラーム様式伝授に果たした役割は限定的であるとされる。一方モサラベは人口も多く、文化水準も高かったので、彼らこそがこの分野において主役を果たしたと考えられるようになっている。少なくともトレドにおいては、紛れもない事実である。

イスパニア全体を見回しても、アラブ文化のイスパニア文化への吸収・同化はモサラベが相当存在する地域で生じたといえよう。アラゴン地方でしかり。一方、レコンキスタ後多くのムスリムが留まり、領主所領で農業に従事していたバレンシア地方では、ムデハル美術はほとんど見られない。モサラベの不在が、征服者のキリスト教徒と被征服者のムスリムとの間の文化的架橋を妨げたのである。カスティーリャでは貴族でもムデハルあるいはモリスコ（一六世紀初期、半強制的にキリスト教に改宗させられたムデハル）風の服装をする者がいたが、バレンシア貴族にはそのような風習はなかったといわれる。ムスリムと混同されることを恐れたからである。モリスコが国外追放された後の、一七世紀初期、ようやくレバンテ地方の人々は祝祭の折に、モリスコ風の服をまとい、血を流さない対イスラーム戦争の真似事をするようになった。この祭りを例にあげてバレンシアで共存があったとされることがあるが、共存の証拠にはならない。

こうしてみると、「ムデハル様式」というより「モサラベ様式」と呼ぶ方が適切かもしれない。トレドのモサラベたちは一二世紀、ムスリムのもっとも原初的様式に範をとって、自分たちの教会を改築した。いくつかの例を挙げよう。サンタ・エウラリア、サン・ルーカス、サンタ・フスタ、サン・セバスティアンなどの教会がそのような例である。サンタ・エウラリアはモサラベ地区のなかでもっとも古い教会のひとつである。しかし何回も修復作業が施される過程で外部の原初的性格は失われてしまった。今日では単なる隠者の庵と化してしまっている。サン・ルーカスは交差するアーチによって分離された三身廊を持ち、なかには一三世紀末の墓碑がいくつかある。サン・セバスティアン教会は奇妙なことにアプスをもっておらず、小型の三身廊と西ゴートの柱の上に馬蹄形アーチをもつバシリカ（初期キリスト教会）である。建造はイスラーム時代にさかのぼるが、一三世紀に修復され、木の天井と壁画（現在では認識が困難な状態）を持つこととなった。壁にはめ込まれる形で墓碑があり、そのうちでもっとも古いものは一二七四年の日付をもつ。

ラテン教区に属する、重要な教会サン・ロマンもその一例である。この教会は長さ三七メートル、幅一八メートルに及ぶ相当大きいものである。交差する大アーチによって分離された三身廊からなる。近年発掘調査が行われ、西ゴート時代の高い柱などから判断して、建造は西ゴート時代にさかのぼると推定されている。この教会は一一二五年から一二世紀全体にわたって史料に登場し、トレド大司教ロドリゴ・ヒメネス・デ・ラダが一二二一年に聖別したことが判明している。美しいムデハル装飾が施されている。その壁はロマネスクの絵で飾られているが、その絵の中のキリスト教の聖人たちはなんとイスラームの祭服を着ている。他に類を見ない例である。

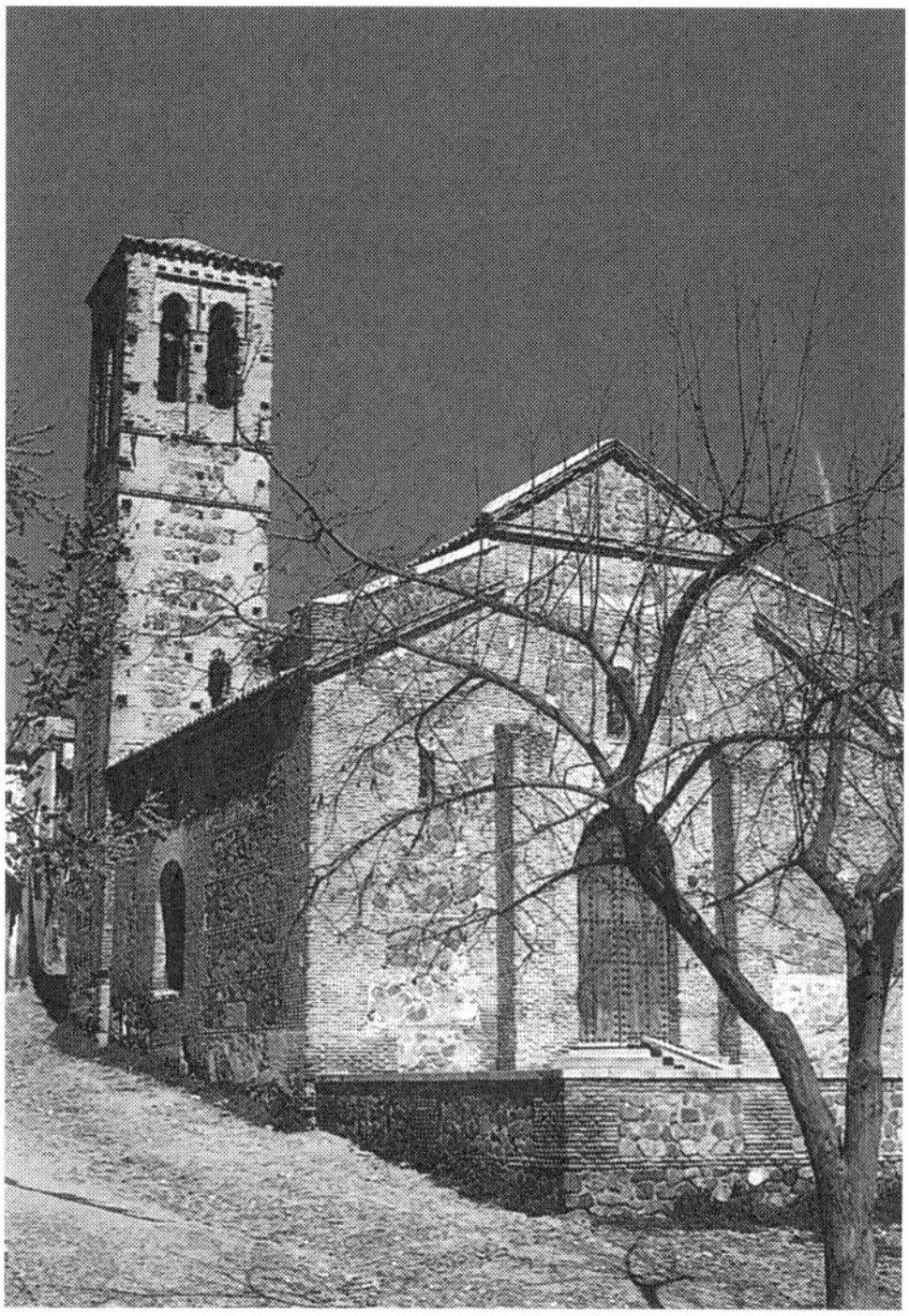
図5-1　サン・セバスティアン教会

これら建造物は、イベリア半島が石材に乏しいため、粗石、れんが、漆喰、多色摺りの木材それにタイルで造られた。コストも低く経済的であるうえ、技術的にも応用が利き、汎用性が高い。そのためムデハル様式は庶民の家から王室や教会の建物に至るまで広く採用された。華麗さには欠けるかもしれないが観る者に素朴な印象を与える。今日マドリーに到着した外国人観光客が最初に訪れるのは普通トレドである。市内にはいると町の景観・雰囲気の特異性がすぐに感じられる。イスラーム風建築の典型であるミナレット（モスクに付属する高い鐘楼でそこから信徒への礼拝の呼びかけが行われる）がすぐに目に飛び込んでくる。

ムデハル様式を用いて、メスキータを教会に転用した例もある。「光のキリスト教会」（口絵、一三頁の図2－1参照）は市内にあり、簡単に観ることができる。これはもともと、九九九年にムスリム建築家、ムーサ・ベン・アリーが造った「バルマルドンのメスキータ」であり、れんが造りの三重のファサードをもつメスキータであったが、一二世紀最後の三〇年にトレド大司教の命で、ムデハル様式の交差廊とアプスを加えて教会に転用された。のちに「光のキリスト教会」と呼ばれるようになったのは、ひとつの伝説に基づく。壁龕《へきがん》のなかに隠されたキリスト像は、イスラーム侵入以来ひとつのランプに照らされ続けてきたが、トレド解放時アルフォンソ六世が騎乗して市内に凱旋入城した時、馬がこのメスキータの前で跪いたという。

トレドのユダヤ人共同体も、モサラベ同様アルモラビデとアルモアーデの迫害によって、アンダルスから移住してきた同宗の者を多数受け入れ、いっそう多くの人口を抱えることとなった。これに対応するため、史料で確認される限り少なくとも一一のシナゴーグをもっていた。これらもムデハル様式を取り入れた。そのなかでも現存するもっとも美しいのが「サンタ・マリア・ラ・ブランカ」（口絵参照）である。キリスト教教会名になっているのは、一三九一年のポグロム以降、教会に転換させられてしまったためである。カスティーリャ王アルフォンソ八世(一一五七~一二一四年)の財務大臣を務めた、ジョセフ・ベン・メイル・ベン・ショシャン、別名ユースフ・アベンフセンが造ったシナゴーグとされる。ムデハル様式であるが、アルモアーデ美術の特色すらもっている。八角形の柱の上部(柱頭)に松ぼっくりの装飾を施しているのが際立った特色である。さらに装飾パネル(窓・天井などの仕切り)も美しい。なおブランカとは「白い」という意味で、内部に真っ白の装飾アーケードを多数もち、かつ処女マリアを連想させる色でもあるので、このように命名したのであろう。ややみすぼらしい外観とは著しい対象をなす美しい内部である。

一四世紀に属するが、ムデハル様式で今日まで存続する重要なシナゴーグがある。カスティーリャ王ペドロ一世の財務官、サムエル・ハーレビは自身の財力にものをいわせて、シナゴーグを多数造った。そのひとつが、大ユダヤ人街の東端に建てられた、一三六〇年落成の「エル・トランシト」である。このシナゴーグは自身の滅亡を招く原因となった大邸宅に直接つながる、半分私的なシナゴーグであり、一連の建物はムデハル様式である。のちに教会に転換され「エル・トランシト・デ・ヌエストラ・セニョーラ」と命名された。翻訳すると、「聖母マリアの被昇天」である。教会名にマリアが盛んに使用された事実は、キリスト教徒の間でマリア信仰が盛んであったかを物語る。

以上いくつかのムデハル様式の建築物を取り上げ、トレドがいかにイスラーム建築から影響をうけたかを例示した。他のヨーロッパ諸国の石造建築とは違い、何百年の風雪をへて風化・劣化してしまった建造物は多い。また二〇世紀の内戦で破壊されたものも少なくない。にもかかわらず、イスラーム教徒やユダヤ教徒文化がこれほど感じられる都市は、イベリア半島のなかでもトレド市が随一である。

本書はトレドを舞台とするので、他地方のムデハル美術に言及することは控えるが、新・旧両カスティーリャやアラゴンでは、王侯貴族から庶民に至るまで広く愛好された建築・美術様式であったことは、言及に価する。たとえば、旧カスティーリャのブルゴス市郊外にあり、カスティーリャ王の霊廟でもあったラス・ウエルガス修道院の中の王室チャペルは、一二世紀末にセビーリャのムスリム職人たちによって造られたとされる。このチャペルの虚飾を排した謹厳な装飾は、アルモアーデの宗教理念である厳格な単純さの追求から出たものであり、同じく厳格さをもって鳴るシトー派の修道院の理念と呼応している。カスティーリャ王国とアルモアーデ帝国が軍事上の対決にあったまさにその時期に、軍事上の対決を超克する文化的共存が存在したことは素晴らしく、衝撃的ですらある。またムデハル美術が、ムスリムやモサラベ人口を多く抱えたことがない旧カスティーリャやナバラのような地方にも伝わったことでも、その重要性を指摘できる。

土着の材料を使って安価に作り上げることができるがゆえに、キリスト教徒職人もその技術を学んでいったことが、普及を促進したのであろう。それゆえにムデハル様式は、フランス文化圏に属したカタルーニャを除き、中世イスパニアの国民的美術様式と呼びうる地位を獲得したのである。

図5-2　ラス・ウエルガス修道院（上）とチャペルの天井を飾るムデハル美術（下）

3　アラビアの習慣と制度の持続

イスラーム支配からキリスト教徒支配へと政治権力が移行した後も、長期にわたってイスラームのさまざまな文化がトレドでは継続・維持された。イスラームの支配が長期に及んだこととその文化が高度であり、文化水準の低いキリスト教徒たちはそれを嬉嬉として取り入れたからである。まずカスティーリャ語に取り入れられたアラビア語起源の言葉を紹介しよう。制度に関する言葉については、その機能・役割にも言及する。

（1）アラビア語起源のカスティーリャ語（スペイン語）の語彙

トレドではキリスト教徒支配下になっても、アラビア語が文語文でも日常会話でも使用され続けたことは上述のとおり。この項ではカスティーリャ語への影響を述べよう。

カスティーリャ語の形成にラテン語が最大の影響を及ぼしたことは明白であるが、ラテン語についでアラビア語も重要である。スペイン言語学の泰斗R・ラペサによれば、アラビア語の要素をもつカスティーリャ語の語彙は、地名をいれると四〇〇〇以上になる。カスティーリャ語とポルトガル語に入ったアラビア語の数の多さのゆえに、この二言語は他のロマンス語と大いに異なることになった。カタルーニャ語にもアラビア語の影響は認められるが、軽度である。このこともカタルーニャがフランス文化圏に属したひとつの証である。まず一二〇〇年以前では、軍事用語、制度上の言葉、貨幣や度量衡の言葉がカスティーリャ語に取り入れられた。ラペサ教授の研究成果も参考にしながら、以下項目ごとに例示しよう。

a．軍事用語

軍事用語は、数世紀にわたるカスティーリャとアンダルスとの軍事上の接触によって、イスラームの戦略・戦術とともに、徐々にカスティーリャ側にもたらされていったのであろう。両世界の軍事的接触は、中世前期、イスラーム側からキリスト教側に仕掛けた懲罰遠征と夏季の略奪遠征・アセイファで始まった。一二世紀になると、アルモラビデとアルモアーデから間歇的ではあるが本格的攻撃を受け、キリスト教徒側も迎え撃った。両世界対立にもかかわらず、イスラーム側の傭兵として働いたキリスト教徒騎士たちがもたらしたことも考えられる。アルガラ（騎馬隊襲撃）、アダリデ（首領）、アダルガ（盾）、アルカサバ（城郭）、アダルベ（塁壁）、アルフェレス・レアル（国王軍旗手）などがその例である。

アルフェレス・レアルは、一二世紀より以前ではラテン語で「国王護衛官」あるいは「国王軍旗手」と呼ばれていたが、一二世紀になってアラビア語の影響をうけ、この新たな呼称が付与されたのである。イスラーム軍との戦闘の増加がもたらした典型的な例である。この地位は、国王に奉仕する将官のうちでもっとも名誉ある地位で、その権能は国王軍の首魁として指揮をとり、国王不在の場合は最高指揮官として行動する。軍隊の裁判権ももち、将官級の軍人の処刑権限も時にして行使する。中世末期には、権能の大部分を失い、単なる国王旗の携行者となる。

語源ではないが、イスラームの慣習を取り入れた例も多い。戦利品の五分の一をカリフやエミール（アミール）が徴収する慣習を、キリスト教徒の王が真似て「戦利品五分の一」徴収の権利を制度化した。後世一六世紀に、西インドの貴金属発掘の際の国王取り分についても紆余曲折はあったが、「国王五分の一税」として定着していく。

b. 農業用語

ムスリムは優れた農業者であったので、アラビア語から取り入れられた農業用語は多い。トレド征服後、トレド市のアルフォスに居住したムデハルとモサラベ農民はイスラーム式灌漑農業・集約農業を営んでいた。彼らを通して北から入植してきたキリスト教徒は初めてイスラーム農業に接し、農業用語を習得していった。更に一三世紀前半、アンダルシアとバレンシア地方にかけての広大な領土の征服によって、多くのムデハル農民がキリスト教世界に組み込まれた。これら地方では高度な集約農業が営まれており、北部から移住してきたキリスト教徒農民はその技術と言葉に接した。しかし皮肉なことに、キリスト教徒によるアンダルスの制圧はイスラーム農業の衰退の始まりとなった。穀物主体の粗放農業に従事していたキリスト教徒は、灌漑を施した多彩なイスラーム農業を学ぼうとはしなかった。ムデハルは寛大な降伏条件を提示されたがゆえに市内をキリスト教徒に明け渡し、農村に移住したが、その約束を反故にされたために、一二六四年大規模な反乱を起こした。再度の反乱を未然に防ぐため、ムデハルは各地に追放された。ここにイスラーム農村共同体とそれを基盤に運営されていた農業は崩壊していったのである。

それでも各地に散らばり住んだムデハルは、その土地土地に合わせた農業を営み、糊口をしのぐこととなったので、ムデハルの農業用語はカスティーリャ語に一定の影響を与えることになった。バレンシア地方やエブロ河流域地方では、折半小作農などに零落しながらも、ムデハルが灌漑農業を存続させていたので、これらの地方の影響もかなりのものであったであろう。

若干の言葉を例示しよう。アセキア（灌漑用水路）、ノリア（馬引き水車）、アルケリーア（小村落・農事小屋）などの農作業に関わる言葉にくわえ、作物の名は数知れないほどある。アセイテ（オリーブ油）、アセイトゥナ（オリーブ・オリーブの実）、アルカチョファス（朝鮮あざみ）、アルガロバ（いなご豆）、アルバ（いんげん豆）、アロス（米）、サナオリア（にんじん）、ベレンヘナ（なす）、アサフラン（サフラン）、アスカル（砂糖・砂糖のキビ）、アルゴドン（綿）、アルガロバ（いなご豆）など。イスパニアの農夫たちは田畑を犂き返す時、家畜にたいしカスティーリャでは「あれー!」、カタルーニャでは「ありー!」、ポルトガルでは「あれー」とそれぞれ掛け声を掛けるが、それはアラビア語の「ハラー」を真似たものである。

農業用語ではないが、すでに述べた市の属域を意味するアルフォスはアラビア語のアルハウズ（地域・都市周辺地帯）に由来する。核となる都市とアルフォスの関係は、カスティーリャの政治的・

経済的基盤をなし、この言葉なしに歴史は語れないほどである。

c. 手工業用語

ムスリムは優れた手工業者でもあった。陶芸では、アルファレロ（陶芸家）、タサ（茶碗）、ハラ（取っ手付の壺）などが代表的である。種々の工芸品としては、アホルカ（腕輪）、アラカダ（耳飾り）、アルフィレル（ブローチ）、マルフィル（象牙・象牙細工）、アタウヒーア（金銀の象嵌細工）など。皮革関係では、コルドバン（山羊のなめし革）、バダナ（羊のなめし革）、グアダマシー・グアダマシル（模様を施したモロッコ革）、アドゥフェ（太鼓、タンバリン）、鉱物資源では、アスフレ（硫黄）、アルマグレ（赭土《しゃど》）、アルンブレ（明礬《みょうばん》）、アソゲ（水銀）などがアラビア語源である。

d. 通商関係の言葉

イスラームは地中海を「我らの海」と称した。東はレヴァンテから西はヒブラルタル海峡まで、広大な地中海を縦横に航行し、盛んに交易活動にいそしんだ。それゆえに、通商に関わる言葉の数も多い。まず税関関係から始めると、アドゥアナ（税関）、アランセル（関税率）、タリファ（税率・料金）、アルモハリファスゴ（海・川の港、陸の関所における関税）などがある。アルモハリファスゴはアンダルスのやり方を真似て、一二世紀以降、カスティーリャの南部の都市で導入され、時代とともに変化しながら、ムルシア、コルドバ、セビーリャでかなりの規模になった。とりわけ中世後期のセビーリャではイタリア商人たちの同市への進出によって商業が盛んになった結果、重要な王室収入となった。アルモハリファスゴの元の言葉、アルモハリフェは、この税を徴収する役人を指すアラビア語のワジール・アル・ムシュリフに由来する。カスティーリャでは国王徴税吏ないし王室財務官を指す。一四世紀には実態に合わせるために「主席財務官」と名称変更された。ユダヤ教徒がその職務を果たした。

市場関係の言葉としては、アルマセン（倉庫）、アルモネダ（競売）、アルオンディガ（公設小麦市場）、アルカバラ（取引税）などがある。

アルモネダはアラビア語のアル・ムナーダトに由来する。アルオンディガはアラビア語ではアル・フォンダクと言われ、倉庫だが外来商人の宿泊所でもあった。キリスト教徒支配下になってからも、商業が発展していた都市ではそのまま両機能を果たし続けたと思われる。アルカバラはアラビア語でもほぼ同音で、アンダルスの都市の市場で行われるすべての取引に掛けられた税のことで、次に述べるスークとともにカスティーリャに取り入れられた。当初は各都市が勝手に導入したが、一三四二年にアルフォンソ一一世の下で正式に採用され、重要な国王税となっていった。税率は一〇パーセントで、最初は売り手・買い手双方の折半負担であったが、エンリケ三世の治世（一三九〇～一四〇六）に売り手負担となった。平民、聖俗貴族を問わず全住民にかかる普遍的間接税となっていった。その後取引ごとに徴収されるのではなく、徴税請負制度となっていく。内容も複雑になり、おもにユダヤ教徒が請け負うことになる。

図5-3　モロッコのマラケシュのソコ（スーク）。この写真は今日のものであるが、中世のトレドその他の都市におけるソコと同様であったと推定される。

市場《いちば》を意味するスークというアラビア語は、カスティーリャ語ではソコとなった。この常設市場は通常大メスキータ（大モスク）周辺にあり、ここに向かって小売店や手工業店舗が軒を連ねる小道が何本もつながっている。トレドではこの小道のひとつにフランク人が多く住んだので、フランク人街と通称された。アル・カイサリーヤはカスティーリャ語ではアルカイセリーヤとなった。西和辞典では絹問屋街と訳されているが、高額商品店とするのが適切であろう。絹織物のほか宝石、香料、高級毛織物なども売られていたからである。

ソコに関わる重要な役職にアルモタセンがある。アラビア語のムスタスィブ（市場監督官）がカスティーリャ語ではアルモタセンとなった。同職の役割は広範囲に及ぶ。度量衡の維持、不正な商取引の監視、食料品を主とする物価維持、手工業者への監督、建築基準の順守などの経済活動を取り締まるとともに、市場や街路の清掃にも目を配り、違反者への罰金刑も執行した。この役職はレオン・カスティーリャ王国のほとんどの都市に広まった。

e．度量衡

キリスト教徒はイスラームの度量衡をほとんどそのまま取り入れた。一一世紀から一二世紀にかけて、各地のフエロはアラビア語をカスティーリャ語風に変えて、そのまま採用している。重量の単位として、アレルデ（一ポンドで、〇・四五三六キロ）、アロバ（約一一・五キロ）、キンタル（四アロバ：約四六キロ）、穀物や果実などを計る単位である乾量として、アルムーを使用し、一五アレルデに相当。穀物量の単位として、ファネガ（五五・五リットル）、カイス（六六六リットル）、容量と単位として、アスンブレ（約二リットル）。

面積については、ファネガは一ファネガの小麦を蒔くことができる面積にも適用された。約六四・四アール。アランサーダは約四四・七アール。

金属の重量に対しては、ミスカール（四・七二グラムと四・四六四グラムの二説あり）は金に対し、ディルハム（十分の七ミスカール）は銀に対してそれぞれ使用された。カラットを意味するキラテは、半ディルハムに相当。

これらの度量衡は中世はもちろん近世になってからも使用され続けた。なかには二〇世紀までも使用され続けたものもある。度量衡の不統一は不便であるだけでなく、経済発展の阻害要因となるので、一二六八年のコルテス（身分制議会）でアルフォンソ一〇世が統一を試みた。近世になり、カトリック両王が再び統一を意図したが、王国全体の度量衡統一は果たせずに終わった。

f. 貨幣

貨幣については、アラゴン王国では、ピレネー山脈麓の町、ハカで若干鋳造されていたし、伯領から成るカタルーニャでは、伯爵たちが勝手に貨幣を鋳造していたが、カスティーリャ王国やレオン王国では、一一世紀以前に貨幣が鋳造されたという証拠はない。そもそも貴金属が不足していたうえ、商業が十分発展していなかったからである。大規模取引があった場合は、イスラームのディーナール金貨とディルハム銀貨を使用した。なお、これらの貨幣がカスティーリャに入ってきたのは商業活動によるのではない。一〇世紀末からカリフ国の軍隊に雇われたキリスト教徒騎士たちに対する給与としてまず入ってきた。その後タイファ王国の時代になると、傭兵の俸給もあったが、それよりもキリスト教諸王に対するパリア（貢納金）として大量に入ってきたのである。貨幣以外に金銀の延べ棒という形でも支払われた。

カスティーリャのような農業社会では、日常生活では物々交換が主であったが、必要な場合は羊が計算貨幣のような役割を果たしていた。牧羊業が盛んであったので、価値基準に羊を使用したのであろう。ようやくアルフォンソ六世がトレド征服後初めて銀と銅の合金であるベリョン貨を鋳造して、庶民の便に供した。イスラーム支配のトレドで出回っていた、銅貨ファルスを真似て造ったものである。カスティーリャが自前の貨幣を流通させるようになるのは、一三世紀後半アルフォンソ一〇世がブランカ銀貨などを鋳造し、貨幣制度の確立を目指して以降である。

なお中世カスティーリャの計算貨幣、マラベディはアルモラビデが鋳造した金貨、ムラービイイーに起源をもつ。

g．制度・役人の言葉

〈後進国〉のカスティーリャが〈先進国〉アンダルスの法制度や税制度をしばしば取り入れたので、その言葉もカスティーリャ語風にアレンジして継承した。アルカルデ（判事）はアラビア語のアル・カディ（裁判官）からきている。中・近世では、アルカルデは判事であったが、一九世紀になると市町村長と変化し、今日でもその意味で使用されている。アルグアシールは大臣を意味するアラビア語のアル・ワジールに由来する。アル・ワジールは、カスティーリャ語に取り入れられてからは、次第に下級役人に成り下がり、警吏を意味するようになった。サルメディーナはサーヒブ・アル・マディーナを語源とし、「裁判権をもつ市の長官」。税金関係では、アサドゥーラ（家畜の通行税）、ラス・マキーラス（大麦販売税）などがある。

h. 住居・居住区関係の言葉

もとのアラビア語から意味が離れた例として、居住関係ではアラバールを挙げることができる。中・近世の歴史では重要な言葉であるが、日本では正確に理解されていないきらいがある。語源のアル・ラバッドは郊外を意味するが、カスティーリャでは意味が異なる。中・近世では農村は別として、都市は通常、防衛上市壁（城壁に近い）に囲まれており、市民は市壁内に住む。しかし人口が増加するにつれて、市壁内に全住民を住まわせることが不可能になると、市壁の外側に密着して居住区を拡大して、通常防衛上外側に市壁をつくって対応した。マドリー方面からトレド市に入る時は通常ビサグラ門（口絵参照。イスラーム時代ではバーブ・サクラ門。岩の門の意）から入る。さらに進むとプエルタ・デル・ソル（口絵参照。太陽門）があり、この二門の間の区域がアラバールである。このアラバールはイスラーム時代に起源をもつが、アルフォンソ六世が市壁をつくって市内に組み入れた。行政区分においてもアラバールはアルフォスに属するのではなく、市の一部である。西和辞典では「郊外区」と訳されているが、今日では、郊外や都市周辺地帯は別のスペイン語が使われる方がはるかに多い。

やや異なる使い方として、ある街区を示す場合もある。ユダヤ教徒は市内の西部に住むが、その中心となる城壁に囲まれたようなユダヤ教徒の居住区を「ユダヤ教徒のアラバール」と称していた。家屋に関する、アラビア語を出自とするカスティーリャ語は多い。サグアン（玄関）、アソテア（屋上)、アルコバ(寝室)、アヒメス(二連のアーチ型窓)、アスレホ(化粧タイル)、アルカンタリリャ(下水溝)など。屋内では、アファアル(家具)、アルフォンブラ(じゅうたん)、ホファイナ(洗面器)など。アンダルスの日常生活の豊かさが窺われる。

i.科学の言葉

西欧がアラビア人から受けた科学に関する恩恵は計り知れない。科学知識とともに言葉も取り入れられた。アルゴリトゥモ(アルゴリズム・数値計算法)、グアリスモ(アラビア数字)、シフラ(数字)、セロ(ゼロ)アルヘブラ(代数学)、アルキミア(錬金術)、アランビケ(蒸留器)、レドンマ(ガラスびん・フラスコ)、アルコール、アルカリ等々。

同じく医学・薬学においても多大の恩恵に浴した。メドゥラ(脊髄)、ドゥラマドレ(脳脊髄の硬膜)、ピアマドレ(軟膜)、バソ(脾臓)、ハラベ(シロップ)、アルケルメス(ケルメス酒)など。

アルフォンソ一〇世がこよなく愛した天文学では(後述)、セニー(天頂)、ナディィル(天底)、アウヘ(遠地点)、アシムー(方位角)、アルデバラン(雄牛座の一等星)、アルゴル(ペルセウス座の変光星)、リゲル(オリオン座のベータ星)、ベガ(琴座のアルファ星)、その他、多くの星の名。

以上、分野ごとに主なアラビア語起源のカスティーリャ語の言葉を挙げた。科学や商業用語は主な西欧言語にも取り入れられ、西欧全体に多大な恩恵をもたらした。これはとりもなおさず、アラビア人が優れた科学者であり、商人でもあったことを示すものである。カスティーリャでは、イスラームの諸制度もほとんどそのまま採用したと言っても過言ではない。

（2）アラビア語起源の地名と川の名

イスラーム進出以前では、イベリア半島の地名のほとんどはローマ時代に起源をもつ。西ゴート族はローマ文明を継承したにすぎない。その後のイスラーム支配は高度の文明を誇り、長期にわたったので、それまでの地名に、アラビア語起源の地名が加わった。西欧言語について、興味深い本を著したフランス人アンリエット・ヴァルテールによれば、地名は一五〇〇以上あるとする。そのうちの主な地名と川の名を見てみよう。

トレドが属する新カスティーリャをまず取り上げてみよう。ラ・マンチャはアラビア語・マンジャ（高原）からきている。実際、風車で有名なラ・マンチャ地方へ行くと納得がいく。アルカラーとアルコレアはアラビア語のアルカラー（要塞）から。アルカラーで始まる地名は多い。たとえば、アルカラー・デ・エナーレス、アルカラー・デ・グアダイラなど。マケダはマカーダ（堅牢な）からきており、堅牢な町の意味。マドリーは九世紀後半、ムハンマド一世によって建設された要塞マジュリートを語源とする。グアダラハラは、ワーディ（川）とハジャール（石）の複合語で、石の川を意味する。グアダラハラから東へ少々進むとメディナセリ（今日ではソリア県）に至る。今日では寒村となってしまったが、中世ではサラゴサにいたる幹線にある重要な要塞都市であった。ここで二頁でふれたマンスールはキリスト教国への略奪遠征の帰途死亡した。メディナセリとはセリム（人名）の町という意味である。メディナセリを少しサラゴサ県に入ると、カラタユーという重要な町に出くわす。アユブ（人名）の城という意味である。

イスラーム支配の長かったトレド県やシウダー・レアル県には、アルモドバル、アルモナシー、アルムラディエルなどアラビア語語源を連想させる地名が数多く存在する。西部の町アルマデンは鉱山を意味するアル・マダンからきている。

首都マドリーは、アラビア語で「水の流れる土地」という意味のアル・マジリートに由来する。マジリートはグアダラマ山脈に水源をもつマンサナレス川の畔に、ウマイア朝九代部族長モハメド一世が建てた城塞を出発点とする。

旧カスティーリャには、メディーナ・デル・カンポ、メディーナ・デル・リオセコ、メディーナ・デル・ポマールなどメディーナで始まる地名が幾つか存在し、皆重要都市である。メディーナは明らかにアラビア語の都市を意味するマディーナを真似た地名である。アンダルスから遠い地方にもアラビア語の影響が及んだのである。マディーナは街区にも使われ、ユダヤ人街はマディーナ・アル・ヤフードという。

アンダルシアには当然のこととして、アラビア風地名が多い。まずアンダルシア地方を東から西に流れる大河グアダルキビル河は、ローマ時代バエティスと呼ばれていたが、アラブ人がその広大さに感激し、ワッド（水の流れ）とキビール（大きい）を合わせ、ワダルキビール（大きい川）としたのである。ジブラルタルは、七七一年イベリア半島に上陸したベルベル人の部隊長、タリクに因んだジャバル・アル・タリク（タリクの山）からきている。アルメリアはアル・ミラーヤ（監視塔）から。グラナダのアルハンブラは、アル・ハムラー（赤い）からきており、同宮殿が赤っぽい色をしていたことによる。セビーリャのアルカサル（王宮・城塞）はアラビア語の原語とほぼ同じである。セビーリャ市の西部に展開する、広大な土地エル・アルハラフェは高い土地を意味するアラビア語アシュサラフからきている。

以上はアラビア語起源の地名であるが、アラビア語とラテン語が混合した地名もある。トレドの南に位置するシウダー・レアル県に水源をもち、遠く大西洋に注ぐグアディアナ河は、昔の川アナスがワーディと交じり合って「アナス川」となった。グアダルペ川は、アラビア語のワッドとラテン語のルプス（狼）が合体した「狼の川」の意味である。グアダルカナルは「運河の川」である。ラテン語の名詞の前にアラビア語の冠詞「アル」を付けた地名もある。アルモナステル、アルモンテ、アルフエンテなどがそうであり、スペイン語のモナステリオ（修道院）、モンテ（山）、フエンテ（泉）をそれぞれ思い起こさせる。

ポルトガル南部にあり、スペインとの国境近くの町アルガルベは、アラビア語では西ないし西風を意味する。初夏にこの町で開催される女子サッカーの「アルガルベ杯」のサッカー場には、大西洋からの西風が心地よさそうに吹いている。

バルセロナは長期にイスラーム支配下に入った都市ではないにもかかわらず、アラビア語に由

図5-4　セビーリャのアルカサル。アルモアーデ時代の宮殿であった。アルモアーデの高度な文化水準を示す一例。

来する地名にときどき出くわす。バルセロナの有名な通りに「ランブラス通り」(カスティーリャ語では複数形でラス・ランブラスという)がある。ランブラはおもにカタルーニャ、バレンシア、バレアール諸島で南国風の遊歩道を意味するが、アラビア語のアル・ラムラ(河口の砂礫、砂地帯)からきている。アラゴン王国の首都、サラゴサ市はローマ帝国初代皇帝・カエサル・アウグストゥスからとられたアラビア語の語形である。今日でもサラゴサの人を「カエサルアウグスタの人」と表現する。以上興味深い例のみを取り上げた。食べ物や娯楽など日常用語の数々はラペサとヴァルテールの本を見ていただきたい。アロス(米)のように「ア」で始まる言葉にアラビア語起源の言葉が多いことに気づかされるであろう。

(3) アラブ風の名前と文章表現

以上のようなカスティーリャ語の語彙や地名のほかに、名前やあだ名にも影響がみられる。

a．名前とあだ名

長くイスラームの支配が続き、その社会で生きていくためにはアラブ風の名前を名乗るほうがすべてに好都合であった。土地取引、金の貸し借り、さまざまな契約書、遺言状、資産分割などの書類あるいは一般的な書簡などにアラブ風の名前が頻出する。トレドがカスティーリャ王国の支配下に入ってからも、この伝統・慣習は一世紀以上も維持された。

G・パレンシアが蒐集した、周知のトレドのモサラベに関する史料をもとに、D・オルステインが名前の変遷を数字で跡付けた興味深い研究がある。

第一世代（一〇九一～一一二〇年）

この世代はトレド征服直後の約二〇年間である。この世代の五九パーセントはアラブの名前をつけている。ジャラブ・ベン・アブダラー、オバイド・ベン・アサド、モファレシュ・ベン・オトマンなどがその例である。残りの四一パーセントはドミンゴ、マルティンなどのカスティーリャの名前を持っている。カスティーリャ名を持つ者はモサラベがいちばん多いことは確かであるが、その他にアルフォンソ六世と共にトレド市に入ったカスティーリャ人騎士や歩兵その他、さらにフランク人がいたであろう。たとえば、確認されているアブダラー・ベン・セラベールという名のセラベールは、フランク人の名字である。トレド市に入植したフランク人もアラビア風になり、現地化したと先述したが、これはそのひとつの証拠である。他にもトレド征服後一〇年の時点で、一人のフランク人騎士の息子がアラブ名を付けている例もみられる。イスラーム文化を継承したモサラベの影響の大きさを改めて認識できる。

第二世代（一一一一～一一三〇年）

この世代になると、モファアレイ・ベン・ジャイールやスフヤーン・ベン・アビルベカのようなアラブ系の名が四五パーセントを占めるのに対し、フェルナンド・ムニョ、フスト・ペトレイのようなキリスト教名が五五パーセントを占めるようになる。キリスト教名が増加したが、まだ両者の間で均衡がとれている。

第三世代（一一三一～一一五〇年）

この世代になると、親の世代のアラブ名ももっているが、彼ら自身はカスティーリャ人の名前をもつようになる。たとえば、フェリックス・ベン・メルアーンやエステバン・ベン・タラフなどである。このような交じり合った名が四二パーセントを占め、アラブ名あるいはカスティーリャ名ののみの名は減少し、第二位になる。この時点で両者の均衡は崩れ始め、アラブ名が減少し、約二五パーセントを占め、カスティーリャ名が約三六パーセントとなる。

第四世代（一一五一～一一七〇年）

この頃になると、カスティーリャ名が五二パーセントを占め、アラブ名は五パーセントに下がる。しかし混合名は四三パーセントも占め、依然として多い。モサラベ間では、一二世紀から一三世紀前半までは、アラビア名を使用するのが普通であった。

その後、カスティーリャ名は増え続け、一二三一～一二五〇年以降になると、人口の九〇パーセントを占めるようになった。

名前は人々が意識的に採用した文化的志向を反映する。それ故に、文化変容の大切な第一歩である。それが言語上の一現象にすぎないなら、モサラベたちは自分たちの名前をカスティーリャ化するか、翻訳するほうを選んだであろう。よく見られる文化上の少数派である。しかしこれが非言語的性格であるという証拠は、名前の二重性である。すなわち、同じ人間がひとつはアラブ起源の名、もうひとつはカスティーリャ名という二つの名前をもつ。たとえば、クレメンス・フィリウス・ヨハニスとアブドゥルアジーズ・エル・ハマミー。ドミンゴ・ベン・スレイマンとジャリード・ベン・スレイマン。これらはそれぞれ同一人物である。

名前の二重性はカスティーリャ王国の支配がもたらす無言の強制による。契約の信頼性は署名が完全に特定されることに依存する。それ故に経済活動に参加するすべてのモサラベは、名前が当局への抵抗の一手段あるいは一表明として役立ち、自分たちのアイデンティティを維持することを可能にすると同時に、社会的受容を手に入れるための手段を名前の二重性に見出すのである。しかし次第に社会的圧力が増してくると、完全なカスティーリャ名ひとつにならざるをえず、カスティーリャ文化へと同化吸収されていく。

次にあだ名を見てみよう。名前と比べると、史料から拾い上げた数が少ないので十分とは言えないが、興味深い。時期は一一五〇年から一二七〇年の約一二〇年間にトレドのモサラベたちが人を呼ぶのに、「あだ名」ないしは「ニックネーム」を使用した例である。あだ名は洗礼名の延長としてつけられ、肉体的・性格的特徴のものが多い。たとえば、アラビア語でアル・ハマール（ロバ）やアル・アディーブ（正義漢・礼儀正しい人）、カスティーリャ語でカンシナ（元気ない女）やカベリョ（ちぢれ毛）といったあだ名をつけるように。名前と同様、時代ごとのアラビア語とカスティーリャ語とのあだ名の比率の変化を見てみよう。

一一五一～一一七〇年

アラビア語起源とカスティーリャ語のあだ名の比率は一・九対一である。つまり約二倍の差がある。

一一七一～一一九〇年

一一九一～一二五〇年

この二世代は両者とも〇・八対一である。ややアラビア語起源のあだ名の割合は低下したが、著しい変化ではない。

一二五一〜一二七〇年

〇・五三対一となり、カスティーリャ語のあだ名が優勢となる。あだ名においても、アラビア語起源のあだ名は後退していくが、名前と比べれば緩慢である。社会的圧力があだ名にはそれ程掛からなかったからであろう。

名前は個人の誇りとアイデンティティを表す。モサラベが一世期以上もアラブ名を維持したことは、教養の低い、野蛮なカスティーリャ人にはなりたくないという思いの表れでもある。

b．文章と表現形式

モサラベの間ではアラビア風の文章や表現が使用され続けた。特定の場所、状況、人物を述べる際に、イスラーム独特の表現を使用する。たとえば、「寛大で慈悲深い神の名において」で始め、最後に「神にのみ栄光を」とか「神に多くの栄光を」と付け加えたりする。トレド市に向けられた書簡などにおいて、「神よトレドにご加護を」、「神よトレドのために不寝番をしてください」、「神よトレドを富ませたまえ」と書いたりする。刮目に値するのは、このような表現形式がカスティーリャ王国の王侯貴族の宮廷においても真似られたことである。たとえば、「神よ王を護りたまえ」とか「神よ主君にご加護を」といった表現はアラビア形式のカスティーリャ化である。

カスティーリャ語の散文や表現形式にもアラビアの影響がみられる。後述するアルフォンソ一〇世のもとでの文化事業において顕著に観察される。それ以前には見られなかった教養語が、同王宮廷で編纂された書物、『チェス、サイコロおよびボードゲームの本』、『石の効用』、『第一総合年代記』のなかに登場し始める。文化水準の低いカスティーリャ王国宮廷にもユダヤ教徒・モサラベ・一部のムデハルなどの知識人を介して、アラビアの表現形式や教養語などが紹介されたのである。

アラビア語文章のカスティーリャ語の散文に対する影響の研究によると、一三世紀ではアラビア・モデルは宮廷書記局の作成書類よりもはるかに重要なモデルであった。アルフォンソ一〇世の宮廷でアラビア語文献の翻訳に従事した知識人たちは、それまで支配的であった、フランス風の表現モデルを排除してアラビアのモデルを意図的に採用した。アラビア語のカスティーリャ語への影響は、一二世紀から一三世紀にかけ徐々に浸透し、アルフォンソ一〇世の文化事業で加速度がついたことは事実であるが、同王死後の一四世紀になっても続いた。研究者によっては、さらに強まったとすら言う。たとえば、上述した『よき愛の書』の中に、約一〇〇のアラビア語語源の言葉やアラビア風表現が初めて登場する。一三〇〇年以降に明白となったこの傾向は、非軍事的言葉の比率が上昇したことである。動植物や楽器の名前が大幅に増加し、アラビア語系統の言葉のなかで二一パーセントを占めるまでになり、逆に軍事用語は六・二パーセントに低下した。

とりわけ興味深いことは、ラテン語起源の言葉がアラビア語の影響で意味を変えた例である。たとえば、インファンテというカスティーリャ語は子供・幼児を意味したが、アラビア語のワラッド（子供）の影響をうけ、王侯貴族の子供を意味するようになった。カスティーリャ語のイダルゴ（郷士）は直訳すると「資産の息子」であるが、これはある男を「資産の息子」と呼ぶアラビア風概念と表現をそのまま取り入れたものである。

アラビア語がカスティーリャ語に与えた影響は以上のような表面的な字面に留まらず、言語構造上、アラビア語系要素の形態面や統合面で重要な影響をもたらした。関心のある読者はラペサの本を参照していただきたい。

文化を主とする諸分野における言葉の重要性は計り知れない。あるひとつの社会や文化はそこで話されている言語と密接な関係にある。社会が言語のあり様を規定するように、言語もまた社会を織りなすさまざまな関係に重要きわまりない影響をおよぼす。イスパニア民族の精神と行動規範に、アラビア語がカスティーリャ語を通して及ぼした影響はきわめて大きい。

(4) アラビアの習慣の持続

多岐にわたり、すべてを語ることはできないので、ここでは日常生活の主なものを取り上げてみよう。

a. 生活スタイルと服装

モサラベやユダヤ教徒たちは、アルフォンソ六世の支配下に入ったからといってイスラーム時代の生活様式を変えることなく、そのまま維持し続けた。S・D・ゴイティンがカイロのゲニザの史料を基に、再現した地中海イスラーム世界の日常生活はその多くがアンダルスの社会にも適用できる。

西欧ではテーブル・椅子・ベッドの生活をしていたのに対し、イスラーム世界においては、一〇～一一世紀ではこれらの家具はほとんど姿を消し、絨毯を敷く習慣になっていた。このような変化をもたらした要因は、第一に中世になる前に、地中海地方で良質の木材が産出されなくなったことである。商業の発達により、大量の船舶が建造されたためである。有名なレバノン杉も船舶建造のため切り倒された。

この事態に対応するために、良質の各種織物が作られ、それから色とりどりの絨毯が織られた。寒冷地から輸入された毛皮も使用された。木のベッドに代わり、さまざまなマットレス（敷布とん）が作られた。ベッド兼ソファとしてマルタバが考案された。マルタバは花嫁が持参する最重要の家具であり、中流の家庭の花嫁はしばしば複数持ってくる。それにアラビア語でフィラーシュと呼ばれる、折り畳み式のベッドを最低一つは持参する。下級の出自の花嫁は、マトラーフ（マットレス）を持ってくる。ちなみにマトラーフは英・仏・独・伊語のマットレスの語源である。マトラーフは、今日とは異なり、古典アラビア語ではマルタバに類似した家具であり、裕福でない家庭の、適当なサイズのマットレスである。

第二に好みの変化である。メインホールを広々ととり、そこに家具を置かず、ゆったりとした空間を作るようになった。メインホールのような大きい空間をとれない中・下級の家庭でも、ベッドのような大きい家具を置くより、ベッド・ソファ兼用の備品や折り畳み式のマットレスのほうが、部屋をゆったり使えるので、好都合であったのであろう。トレドでも一部の富裕な家庭以外は、後者の生活様式が普通であったと推定できる。

このような椅子・テーブルのない生活を物質文明の原始的状態の兆候として捉えるべきではない。中世西欧では絨毯を壁飾りや部屋の仕切りとしてのみ使用していたのに対し、アンダルスでは床に敷き、台座や多様なマットレスに坐して、日常のさまざまな家事をこなし娯楽を楽しんでいた。

以上の「住」に続いて、「衣」を見てみよう。ゴイティンによれば、紀元前古代近東において、アラム語（古代ギリシャの言葉）と旧約聖書ヘブライ語で書かれた金言がある。「食物や飲み物にできるだけ金を使わずに、衣服と外出時の外衣にできるだけ金を使え」と。紀元後になりイスラーム支配時代になっても、この種の言い習わしはベドウィン（アラブ系の遊牧民）すら含めて地中海地方で広く、無数に見出される。衣服がいかに重要視されたかがわかる。

物を扱うすべての職業のうちで、衣服を扱う職業がもっとも高貴とされた。おそらく金・銀細工師よりも上であった。その理由は、ムスリムの伝説によれば、信仰の父・アブラハムが織物商人であったことによる。服装と外見に対する極端な関心はイスラームの宗教文学のなかで表明された。預言者がどのような服装をし、香水をつけ、髪を染めたかといったことは、イスラーム創始者の古典的自伝類のなかで幅広いテーマをなしていた。

イスラームの衣服の特徴は手足を露出せず、身体の輪郭を隠すことである。地位の高い人ほどそうであり、外出時における外衣は暑さ、寒さ対策よりもステイタス・シンボルとしての役割のほうが大きい。公の場、とくに信仰の場に現れる時には、同胞に対する尊敬の念を表すために盛装する。高い身分でない人も仕事をしていない時は、長いゆったりとした服・ローブを数着身に着ける。

女性も身体全体を覆う服装をまとうので、男女のファッションの違いは小さい。衣服に対する異常な関心のゆえに、それに関連する職業が尊敬されたのに対し、逆に食品加工業などは蔑視された。ただし、女性はそのステイタスが父か夫の社会的ステイタスに依存するので、自身がどの職業についていいようがあまり問題にならない。

以上のような家具と衣服のありさまはアンダルスでも基本的には同じであり、トレド市でもそうであったであろう。日常の服装や仕事着などについては、ごくわずかにしかわかっていない。男はイラク風の短い上着、綿入り革製胴衣を身に着け、女性はチュニック・コートを着ていた。

地中海地方では衣服と外見に対する関心は強く、とりわけユダヤ教徒とイスラーム教徒のセム族がそうである。服装によって人を判断する傾向は今日のスペインにも引き継がれている。

b. 公衆浴場

イスラームでは水道、農業用水など水を管理・運用することが重要な政策であったが、公衆浴場もその一環として大切であった。中世ヨーロッパの都市にも公衆浴場は存在したが、イスラーム世界におけるその重要性は比較にならない。イスラーム教徒は祈りの前に身体を清めなければならず、浴場はモスクと学校と並んで不可欠な公共施設であった。

イスパニアではキリスト教徒支配下になってからも、公衆浴場は引き続き使用された。聖職者の一部から反対の意見が出されたが、浴場の人気は高く、よく利用された。都市によっては、キリスト教徒・ユダヤ教徒・ムデハルは別々の風呂をもっていたが、他の都市では、共同風呂で、入浴日を別々にして利用した。たとえば、クエンカのフエロ（一一八九年か九〇年発布）では、キリスト教徒の男は火曜・木曜・土曜日の利用、女は月曜と水曜日の利用、ユダヤ教徒は金曜と日曜日の利用と定めた。クエンカのフエロは他の多数の都市にも援用されたので、こうした浴場利用法が広まったに違いない。公共の風呂は村落にもあり、農民も畑仕事の後で蒸し風呂に入ったりした例が記録されている。浴場も戦利品の一部であるので、王室資産としてとって置かれた風呂や大聖堂・教会あるいは功績のある個人に下賜された風呂もあり、これらはしばしば料金を徴収して公衆の利用に供せられた。

イスラーム様式の風呂の快適さを知った王侯貴族は職人に造らせ、楽しんだ。たとえば、アルフォンソ一一世は一三二八年コルドバの王宮のなかに造らせた。低温・中温・高温と湯の温度を別にした三部屋からなる、素晴らしい風呂である。

一五世紀になると、公衆浴場への攻撃がしだいに増していった。カトリック両王もイスラーム伝統の浴場の破壊を命じた。公共の風呂を不道徳な行為の場と見なす聖職者たちの声が大きくなったのである。この見方には偏見もあったが、地方によっては、風呂の中で夜、祝宴をしたり、酒を飲んで騒いだりする所があったことも事実である。しかし根本的には、西欧全体にはびこっていた、清潔さに対する関心のなさがイスパニアにも浸透してきたことによろう。中・近世のヨーロッパは入浴の習慣をもたず、街路も糞尿にまみれて不潔きわまりなかった。水と衛生に関する概念がイスラーム世界とキリスト教世界では根本的に違っていたのである。ムスリムたちは本来砂漠の民であるがゆえに水を大切にし、水道・下水から農業用水に至るまで有効に活用した。

なお今日のスペインではアラブの風呂はほとんど残っていないが、トレドではかつてのユダヤ人街に、いくつかのユダヤ教儀式のための風呂が残っている。そのひとつは「エンジェル（アンヘル）の通り」にあり、「エル・グレコの家」でも見ることができる。これらの風呂はユダヤ教徒の風呂であるが、イスラーム様式である。丸天井をもち、湯の温度を異にする三～四室からなっている。

以上、おもに一三世紀以前のトレドの国際都市としての興味深い姿とイスラーム文化の影響をみてきた。次に、イスパニアが大きな歴史的転換点を迎える一三世期の状況を見てみよう。この激動の時代をトレドはどのように生きたのであろうか。

VI

大レコンキスタの時代とトレド（一三世紀）

1253年トレドで開催された宗教会議。
上部左が国王、右がトレド大司教。下段に居並ぶのは司教たち。

一二世期は、北アフリカから狂信的なアルモラビデとアルモアーデが半島に上陸し、間歇的ではあるが、カリフ自ら大軍団を率いてキリスト教徒軍にジハードを標榜し戦いを挑んだ。これを迎え撃ったカスティーリャ軍は、アルフォンソ七世（一一〇五～五七年）・アルフォンソ八世（一一五八～一二一四年）指揮の下よく戦い、一進一退の攻防を繰り広げた。しかし均衡がついに破れる時が来た。

一二一一年四月モロッコのラバトを出発した大軍団は、セビーリャを経由して、グアダルキビル河沿いを東進し、ハエン県北部のラス・ナバス・デ・トロサ（今日のサンタ・エレナ村近く）で、アルフォンソ八世率いるキリスト教徒連合軍と戦端を開いた。一二一二年七月のことである。この戦いでキリスト教徒連合軍は初めてアルモアーデの大軍を撃破し、戦場のすぐ南に存在するバエサ、ウベダなどのアンダルス諸都市を攻撃し、莫大な戦利品を獲得した。

この後ムワヒッド朝（アルモアーデ）は北アフリカに陸続と勃興する王朝と内部ではカリフの後継者をめぐる権力闘争に悩まされ、内憂外患の状態に陥った。他方、カスティーリャ王国もナバス戦の勝利後わずか二年あまりでアルフォンソ八世が死亡し、王位継承にまつわるさまざまな困難に直面した。しかし比較的短期にこの危機を乗り越え、一二一七年フェルナンド三世が王位についた。この名君は再び分裂したアンダルスに対し、調略と武力を巧みに駆使し、徐々にその領土を蚕食していった。そうこうする内に一二三〇年九月、レオン王国のフェルナンド九世が二人の王女を残して鬼籍に入った。フェルナンドはこの二人の王女を説得し、レオン王国のカスティーリャ王国へ

地図3：13世紀後半のイベリア半島

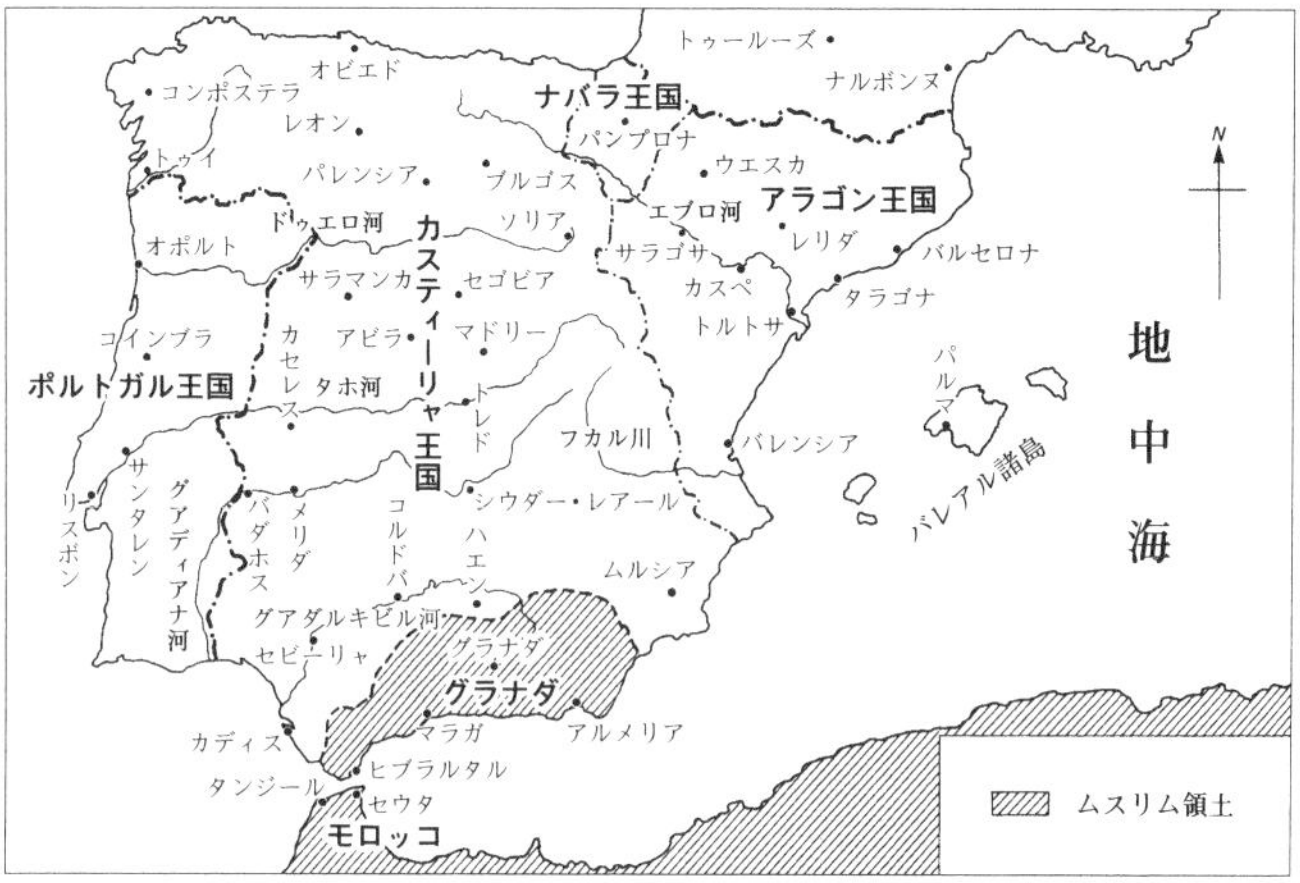

の併合を認めさせた。かくして一一五七年以来分裂し、主導権争いを繰り返してきた両王国はフェルナンド王のもとで最終的に統一された。ここに、対イスラーム戦におけるキリスト教国優位の基盤が確立された。

一二三〇年代にレコンキスタを本格化させたフェルナンド王は、三六年にアンダルスの首都コルドバを陥落させた。コルドバの陥落はアンダルスのムスリムを落胆させ、抵抗することなく多くの都市・町が帰順した。残る最大の標的はセビーリャである。この政治的にも経済的にも重要な都市を落とすために、周辺諸都市をまず帰服させ、セビーリャ市を孤立化させたうえ、兵糧攻めにし、一二四八年一一月ついにキリスト教徒軍に市門を開かせた。この一三世紀中葉をもって、レコンキスタは事実上終了した。グラナダのタイファ王国は残ったが、それは国王ムハンマドがカスティーリャ王の臣下となり、毎年パリアとして二五万マラベディという莫大な金額を支払うことを約束させられた見返りである。

このようにフェルナンド王は王位に就いてから約三〇年で、グラナダを除くアンダルスの大・中諸都市を降伏させたのである。これら諸都市の降伏条件は、激しい抵抗をした場合を除き、きわめて寛大であり、ムスリムたちに持てる物すべてを持ち、欲する所へと落ち延びていくことを許した。アンダルスに留まりたい者には、大都市の場合、市内から出て農村に居住することを認めた。大都市は要塞化しているからである。

レコンキスタのこのような実相を見る時、レコンキスタがイスラーム教徒を〈駆逐する〉戦争であるという捉え方が間違いであることがわかる。今やイスラーム教徒を臣下としたフェルナンド三世は、自身を「三宗教の王」と自称した。王はセビーリャ大聖堂で埋葬されたが、墓碑銘はカスティーリャ語・アラビア語・ヘブライ語の三言語で書かれている。墓碑にまで書き込むことは、後世の国王もこの理念を継承すべしとする一種の遺言である。多民族・多宗教からなる王国を心に描いていたことは間違いない。後世フェルナンド三世は大々的なレコンキスタ遂行の功績のゆえに、一六七一年クレメンス一〇世によって聖人に列せられたが、教皇が求めるような聖戦意識を国王は抱いていなかった。四〇〇年以上もたった一七世紀に列聖されたのは、対抗宗教改革推進の旗頭であったスペインが教皇庁に強く働きかけ結果である。一三世紀の教皇たちは、フェルナンド三世の功績を認めたが、依然として異教徒を抱え込んでいる事実を遺憾として、列聖する気にはならなかったのである。

　このような一三世記の歴史的大展開のなかで、トレドはどのような日々を過ごしたのか。トレドが農業を主産業としながらも、商工業でも一定の繁栄を見、アラビア文献の翻訳という知的営為も行われたことは既述した。しかし一三世紀前半のような戦闘の時代には軍都ともいえる側面を持つ。アンダルスへ向かう軍隊の大半はトレド市壁外にいったん集結し、ここで再度軍馬・歩兵・武器・糧食を整えて、南進した。国境に位置する最大の都市であり、必要品の調達に適していた。その上事実上の宮廷都市であり、国王がいたことに加え、大司教もいた。大司教はキリスト教徒軍を鼓舞する役割も担っていた。このようにトレドは兵馬倥偬《こうそう》、喧噪に包まれることも多かったが、他方喧噪とは無縁の静かな世界が存在した。知識人たちの研究・翻訳活動である。第Ⅳ章で述べたように、一二世紀に始まった翻訳・文化活動は一三世紀にも継続されていく。第Ⅳ章で述べた翻訳活動は、学問に一方ならぬ熱意を抱く研究者たちによる自発的営みであった。これに対し一三世紀の翻訳活動は、強力な支援者のもとで遂行された。ひとりはトレド大司教ロドリゴ・ヒメネス・デ・ラダ（以下ロドリゴ）であり、もうひとりは国王アルフォンソ一〇世である。この二人の聖俗両世界の指導者が、どのような理念のもとで翻訳事業を推進したのかを以下に見てみよう。

1　トレド大司教の諸活動

ナバス戦の勝利とアンダルス諸都市の征服は、イスパニアの王たちとトレド大司教たちに大いなる自信を植え付けた。少なくとも大司教ロドリゴとカスティーリャ王アルフォンソ一〇世（フェルナンド三世の子）それにカタルーニャのハイメ（カタルーニャ語でジャウメ）一世は、萌芽的国家意識を持ち始めた。このことが著作・翻訳活動に表出されることとなった。まず世紀前半に活躍したロドリゴ（一二〇九〜四七年）から述べよう。

ロドリゴはパンプロナ近くのプエンテ・ラ・レイナの下級貴族の家に、一一七〇年生まれた。三九歳の若さでトレド大司教となり、四〇年近くもトレド大聖堂と王国の発展のために尽くした。その業績はまず、トレド司教座の首座の地位を、ブラガやサンティアゴ・デ・コンポステラの司教たちからの異議申し立てを退け、断固守り抜いたことである。次いでゴシック様式のカテドラールの建設。トレド大聖堂はイスラームの大モスクの転用であるので、キリスト教本来のカテドラールの建設は歴代司教たちの悲願であった。そのため建設予定地周辺の土地を長い年月をかけて買い集めてきた。ついに一二二六年の夏、若き国王フェルナンド三世とともに礎石を置いた。しかし落成までには二〇〇年以上を要し、ようやく一四九三年カトリック両王の治世に完成する。

歴史に名を残す活躍のひとつは、一二一五年春から翌年の秋まで開催された第四回ラテラノ公会議への出席である。インノケンティウス三世が招集した、有名なこの公会議にイスパニアの高位聖職者たちを率いて出席し、高度な多言語運用能力と巧みな話術で、出席者たちを魅了した。

ロドリゴの仕事は政治の世界にも及んだ。トレドが事実上宮廷都市であったので、歴代大司教たちは国王に多岐にわたる、複雑な問題の相談相手を務めてきた。その中でもロドリゴは傑出していた。政治の分野では、アルフォンソ八世とナバラ王サンチョ七世との和解を調停したのがその一例である。さらに顕著な例が、アルフォンソ八世と一体となって行ったナバス戦の準備である。国王の命をうけローマに赴き、資金調達のための大勅書を教皇に求めた。フランスにも立ち寄り、教皇の教宣活動と贖宥授与の約束を背景に、フランス人騎士や司教に対イスラーム戦への参戦を勧誘した。準備だけではない。ナバス戦の戦場にまで自ら赴き、キリスト教徒軍を鼓舞したのである。

ナバス戦勝利後も、王国の国境やラ・マンチャ地方の司教区の土地の確定に奔走したりした。幼少期からフェルナンド三世を補佐し、事実上の国王諮問官を務め、国王の深い信頼を得ていた。こうした八面六臂の活躍は、フランスのリヨンで教皇インノケンティウス四世と会見し、帰途ローヌ河で乗船した船が転覆し水死するという悲劇で終わった。一二四七年六月一〇日、七七歳のことである。カスティーリャに運ばれ遺体は、サンタ・マリア・デ・ウエルタ修道院（今日のソリア県）に埋葬され、墓碑に数々の功績が刻まれた。

文化面でも後世に残る業績を残した。主著『ゴート史』と『アラビア史』は、蒐集させたアラビアの文献に依拠しているとされる。前著は実質的に「イスパニアの歴史」であり、カスティーリャの年代記である。このような本を自身の名で著すことによって、イベリア半島のイスパニア化とキリスト教化を推進しようとした。トレド大司教は初代から第四代までフランク人が続いたが、ついにカスティーリャ人がその地位に就くこととなった。〈フランク人の時代〉が終わり、一一八〇年以降〈カスティーリャ人の時代〉となったのである。この変わり目の時代は、五代目から七代目まで在位期間が短く、八代目のロドリゴから活動が本格化する。彼は強いカスティーリャ人・イスパニア人意識をもち、このことが彼にイスパニアの歴史書を著そうとさせたのであろう。

このイスパニア聖界の頂点に立つ聖職者は翻訳活動も支援した。一二世紀の翻訳が研究者たちによる自発的行為であるのに対し、一三世紀のそれは〈公式の翻訳活動〉と呼べるものである。クレモナのゲラルドとドミンゴ・グンディサルボの二人に代表される一二世紀の後、一二世紀末から一三世紀初期にかけて、新たな翻訳者が登場した。マルコス・デ・トレドである。彼はおそらくモサラベの家系に属しトレドで生まれた。若いころからアラビア語を学び、医学を勉強するためにイタリア、モンペリエ、あるいはパリのいずれかへ留学した。彼が在籍した大学の先生や学生は、古代ガレノスの作品をアラビア人が研究し、伝えてきたことを知るために、ぜひ翻訳してほしいとマルコスに繰り返し頼んだ。この要請に応え、トレドに戻って時をおかずその仕事にとりかかった。

他方ロドリゴは、すでに参事会員に取り立てられていたマルコスにクルアーンの新訳とイブン・トゥファイルの『マフディ』(善導された者)という神学概論のラテン語への翻訳を要請した。イブン・トゥファイルはコルドバのアルモアーデ政権の君主の宮廷医であったがそれ以上に哲学者でもあった。アルモアーデ支配下のアンダルスにおいて、他のアラブ世界では見られないような、〈原理主義的アリストテレス主義〉が興隆していた。この学問の中心人物がイブン・トゥファイルであった。この「新アリストテレス主義」はその後のアラビアの学問にほとんど影響を与えなかったが、ラテン世界とユダヤ教徒社会の哲学と科学に大きい影響を及ぼすことになった。イブン・トゥファイルの弟子にイブン・ルシュド（アヴェロエス）がいた。彼もカリフの侍医であったが、アリストテレスの著作に注釈を施した優れた哲学者でもあった。アヴェロエスはイスラームの教義とギリシャ哲学との調和を目指したが、彼の注釈のなかにはキリスト教の教義と相いれない教説が含まれていた。この注釈は書かれて数年後にトレドでラテン語とヘブライ語に翻訳され、一三世紀中葉にパリに伝わり、パリ大学で大論争を巻き起こすことになった。

このように一二世紀後半から一三世紀初めにかけてのアンダルスにおいて、新たな哲学が興隆するという、知的雰囲気のなかで、マイモニデス（一一三五年コルドバ生まれ）の哲学者人生が始まった。啓典の民を認めないアルモアーデによって迫害され、一一六〇年頃モロッコに逃れ、各地を流浪した後カイロに永住した。この地において、この偉大なユダヤ教徒哲学者・科学者は、信仰と理性の和解を目指す『迷える者の導き』（原著は『不決断者の手引き』）を著した。アラビア語で書かれた本書は、一二四〇年頃ヘブライ語とラテン語に翻訳された。マイモニデスの哲学上の解釈は大きい論争を巻き起こしたが、それにもかかわらずイスパニアその他の国で、中世全体を通して律法主義（信仰によらず善行による救済）の権威として崇敬され続けた。

図6-1　コルドバの旧ユダヤ人街にあるマイモニデスの像

ロドリゴ大司教はこの新たな哲学の勃興から刺激を受け、『善導された者』の翻訳をマルコスに頼んだのである。彼がクルアーンとともにこの書の翻訳を依頼した根本的要因は、クリュニー僧尊師ピエールが約七〇年昔にしたように、ムスリムに対し「彼を知り己を知れば百戦して殆うからず」の心境にあったからである。マルコス自身はロドリゴの要請に応えはしたが、医学を志す者として、医学書の翻訳をおもに仕事を進めた。

マルコスの時代に、二人の学者がトレドにやって来た。一人はリリオと呼ばれたイタリアのパドバの参事会員である。彼はダヴィッドという人物と協力し、占星術と占いに関する小論文を訳した。スコットランドからミゲール（マイケル）・スコットがやって来て、一二一七年一人のユダヤ教徒の助けを借りて、アンダルスの賢人アル・ビトゥルージが、その数年前に書いた天文学の作品をラテン語に訳した。アリストテレスの『動物の身体』という素晴らしい本と『霊魂について』をアヴェロエスの有名な訳注とともに、トレドでアラビア語からラテン語に訳した。目を引くのは、上述のラテラノ公会議に行くロドリゴ大司教に随行したことである。その後一二二〇年にイタリアへと移り、シチリア王国のフェデリコ二世の宮廷で重要な廷臣の一人となった。

以上のようにロドリゴ大司教は、一二世紀からの翻訳活動を継続・支援しながら、カスティーリャ王国とトレドの指導的地位の確立を心に秘め、上述の『ゴート史』（一二四三年）を著した。一二三六年に書かれたルカス・デ・トゥイの『世界の年代記』がたんに事件の経緯を羅列するのみで、何の意味付けも主観的見方も示さないのに対して、本書は良かれ悪しかれ、自分の倫理観・政治的価値観で念入りにあるいは叙事詩風に物語っている。中世では稀な長い生涯を、教皇とも連携しながら対イスラーム戦争遂行とトレド大司教座の安泰を図りながら、政治の世界でも活動し、カスティーリャ王国をイスパニア第一の王国の地位にすることに捧げた。

以上が一三世紀前半の全体的状況、その中でのトレドの位置と翻訳活動のあらましである。次に世紀後半の時代に進もう。

2　アルフォンソ一〇世・賢王の文化政策

アルフォンソ一〇世は一二二一年トレドで生まれ、一二八四年セビーリャで没した。カスティーリャ・レオン王として、一二五二年から一二八四年まで長きにわたって国政を担った。多事多難、あまりにも多くの問題に立ち向かわなければならなかったが、それらは小著の目的ではないので、異教徒も参加した文化・翻訳事業にテーマを絞り話を進めたい。

キリスト教徒国王たちは、対イスラーム戦勝利によって自信を深め、王国の来し方行く末について内省する余裕をもった。この結果が文化事業へと向かわせ、とりわけ歴史書を編もうという思いを抱かせることになった。カタルーニャのハイメ（ジャウメ）一世はバレアール諸島とバレンシアを征服したことで、「征服王」と尊称されたように、文人というより武人である。それでもカタルーニャ語で他に類を見ない自叙伝『ハイメ一世の事績』を書いた。国王自身の輝かしい戦歴を書き残すことを主眼にしながらも、根底にあるのはアラゴン王国、厳密にはカタルーニャに対する強い意識である。

しかしハイメよりもはるかに顕著な例がアルフォンソ一〇世である。彼の国家意識は偉大な法典、『七部法典』（一二六五年完成）とイスパニア及び世界の歴史書の編纂に如実に反映されている。『七部法典』については、二〇〇八年に没したカリフォルニア大学教授のバーンズが「アフリカ、アジア、新世界にまで広まり、現在のスペインの法律のみならず、世界の法律の目標のひとつとなった」と述べ、限りない賛辞を送っている。アルフォンソ一〇世が世界歴史史上もっとも重要な立法者の一人であることは、彼の顔がアメリカ下院の天井桟敷の扉の上から覗いている事実でも明らかである。法律の分野まで言及する紙幅の余裕もないうえ、小著の目的からも逸脱するので、国王の国家観を反映させる歴史書から入ろう。

（1）アルフォンソ一〇世と歴史書

王は幼少の頃から、年代記の熱心な読者であったと推定される。ロドリゴ大司教の著書も間違いなく読んだであろう。政治の道具としてあるいはカスティーリャ王国のイスパニアにおける覇権的地位の正当化として、歴史の価値と有用性を信じていた。それゆえに、彼の最初の歴史的業績である『第一総合年代記』は神聖ローマ皇帝位とイスパニア全体への覇権を要求するための歴史的説明になると考えた。本書は単なるカスティーリャのありふれた年代記ではない。複数の王国が存立し、対立・抗争することしばしばであったイベリア半島をまとめ、ひとつのスペインを創ろうとする野心に基づいている。

一二七〇年に書き始められた、この年代記はカスティーリャとレオンを物語の中心に据えながらも、単なる地方史とはせず、〈スペイン〉の出来事を述べるものである。神話時代的な出来事から、ローマ時代、西ゴート時代をへてイスラームの侵略をうけて敗北し、分裂した歴史的展開を述べ、ついにはモーロに勝利し「サンタンデールの海からカディスの海まで」取り戻した事実を誇らしげに物語る。

この年代記はそれ以前の年代記を利用しながらも、伝統的な叙事詩あるいは武勲詩をおびただしく使用している。その理由は、かつてメネンデス・ピダルが言ったように、この年代記がラテン語を理解できる限られた人々を対象とするのではなく、騎士、ブルジョア、そして吟遊詩人たちの語りに耳を傾ける市井の人々にこそ向けられたのである。字の読めない一般民衆がしばしば耳にし、楽しんだ武勲詩を挿入したのである。

『大世界史』は未完の書物であるにもかかわらず、アルフォンソ一〇世のすべての作品のなかで、途方もない活力と展開をもつ作品である。あらゆる事件と情報、歴史と神話の交じり合ったストーリー、聖と俗の問題が交互に登場し、あれやこれやの伝説の集合体となっている。六部に分かれる体裁の本として企画されたこの歴史書は、歴史書というより文学の香り高く、情緒的な美しい作品となっている。

これら二著は、叙事詩や文学作品も使用しているが、キリスト教世界の史料はもちろん、古代の史料とアラビア語の史料も使い、当時としては模範となる歴史書であった。それまでの年代記とは異なり、政治のみならず社会と文化も扱い、イスパニア歴史学の濫觴《らんしょう》となった。自国語で書き、広く読まれることによって、原初的な国家意識を王国民に植え付けようとした意図が窺える。

(2) 翻訳活動

前に一三世紀の翻訳活動を〈公式の翻訳活動〉と述べたが、アルフォンソ一〇世が指揮を執り、推進したがゆえに、この表現はアルフォンソ王の翻訳活動にもっともふさわしい。国王がスポンサーとなり、積極的に支援したからである。アラビア学の研究推進も意図し、一二五四年トレド市とセビーリャ市に「ラテン語とアラビア語の総合研究と学校」を設立した。ここには海彼《かいひ》から招聘された学者たちが研究し、かつ教えたと思われる。さらに一二六九年頃には、ムルシアにも三教徒がともに学べる学校を創り、そのリーダーにアラビアの学者、ムハンマド・アル・リクーティを据えた。

さらに重要な点はロマンス語（カスティーリャ語）への翻訳である。初期にはラテン語への翻訳も行われたが、次第にロマンス語主体になっていった。国語を意識し、王国民すべてに解る言葉に翻訳しようとしたのである。国家とは国語なりと認識した最初の国王である。かくして翻訳最盛期の時代を迎えたのである。

前期と後期に便宜的にわけて説明しよう。

a．一二五〇～一二六〇年の時代

この時代は多様な作品が翻訳された時代である。幼少の頃から書物に親しんできたアルフォンソ一〇世は、はや王子の時代に翻訳を命じた。石の魔術的力、治癒力を説明する『石の効用』（一二五〇年、石と宝石についての本）と『カリーラとディムナ』（一二五一年）が初期の代表的訳書である。後者は東洋の物語の大短編集であり、インドに起源をもち、ペルシャ、シリアを経由してアラビアにもたらされたものである。このカスティーリャ語への翻訳によって、カスティーリャでもフィクションが創作されるきっかけとなった。その嚆矢がアルフォンソ一〇世の甥、ドン・ファアン・マヌエルが著した『ルカノール伯爵』（一三三五年）である。伯父の作品と豊かな蔵書を若いころから読むことができ、それから受けた影響は計り知れない。だからこそ彼自身も一四世紀前半としては信じられないほどの多くの本を書くことができた。一四世紀は本書の対象外であるが、ひとつだけ触れておきたい。自著『国家論』（一三三〇年）において、イスラームとは奪われた土地を回復するために戦うのであり、宗教の違いの故に戦うのではないと明言している。レコンキスタを推進したカスティーリャ王室の一員の言として注目されるべき言葉である。

この時代にもっとも多く翻訳されたのは天文学と占星術の本である。天文学と占星術は中世では分かちがたく結びついており、一二～一三世紀のヨーロッパで絶大な関心を寄せられた分野である。上述したように、クレモナのゲラルドがトレドにやって来た最大の理由は、同市にあると伝えられたプトレマイオスの『アルマゲスト』をどうしても読みたいという熱意であった。この思いをヨーロッパの多くの研究者は共有していた。君主たちもそうであり、アルフォンソ一〇世も宇宙に並々ならぬ関心を持っていた。一七世紀の歴史家ないしは百科全書的学者のファン・デ・マリアナは、「アルフォンソ一〇世は天空を研究し、天体観測をしている間に、地上のことを忘れてしまった」と書き残している。二〇世紀になっても、「あまりに空を見すぎて、王冠がかれの頭から落ちてしまった」と揶揄した学者すらいた。アルフォンソ一〇世はヨーロッパで最初に中央集権化を目指し、法整備を行った、偉大な国王と今日では見なされているので、これらの言は事実に反するが、アルフォンソ王がいかに宇宙に尋常ならざる思い入れをもっていたかを伝えていて面白い。

王が命じた翻訳の例を少し挙げておこう。アベンラヘルの『占星術』はラテン語とロマンス語に

図 6-2　アストロラーベ（左が表、右が裏）

訳され、今日でも残っている。ユダ・エル・コーエンの『第八天球の書』はプトレマイオスの諸理論を要約したものである。アストロラーベに関する本は何冊か書かれたが、そのひとつである、フェルナンド・デ・トレス（異説あり）によって訳されたと推定される『天文測定儀の本』は、カスティーリャ語による最初の天文学の専門書である。これらすべてが次に述べる『アルフォンソ表』が作成される下地となった。

b. 一二六九～一二八三年の時代

この時代の最大の成果は『アルフォンソ表』の作成である。上述したトレド・タイファ時代のアル・ザルカーリーによって作られた『トレド表』に代えて、ユダ・ベン・モーゼとイサック・ベン・シッドによって、一説によればイタリア人のフアン・デ・クレモナ、カスティーリャ人のファン・ダスパとガルシ・ペレスも加わって、一二七二年『アルフォンソ表』が作られた。これら学者たちは『トレド表』を何年もかけて模写した後、ひとつの天体地図を作り上げたのである。『アルフォンソ表』は一三世紀末ラテン語に翻訳され、相当程度キリスト教とイスラームのカレンダーから独立させたがゆえに、全ヨーロッパで高く評価され、コペルニクス（一四七三〜一五四三年）が天体観測に基づいて地動説を主張するまで、西欧天文学の不可欠の道具となった。J・サムソーによると、『アルフォンソ表』はヨーロッパ天文学隆盛の始まりとなったのである。

天体観測に必須のアストロラーベについても、その種類、その作り方などに関し、かなりの本が書かれ、あるいは訳された。『球体アストロラーベ』や『平面アストロラーベ』などがその例である。『日時計』、『水時計』など観測上・実用上大切な機器もあり、多彩きわまりない。

このように天文学と占星術関係の原典の翻訳が圧倒的に多いが、楽しみの本も翻訳したり、作成したりしている。翻訳作業の掉尾を飾ったのが、一二八三年完成の『チェス、サイコロおよびボードゲームの本』である（このボードゲームとはバックギャモンのこと）。細密画で装飾し、序文で娯楽と機知の上達に役立つと推薦している。同時代を生きたフランス王ルイ九世（一二一六〜七〇年）が、ゲームは賭博の手段になるという理由で禁止したのに対し、カスティーリャ王が推薦している点が興味深い。

最後に、翻訳ではないが「賢王」の壮大な文化事業のなかでも、とりわけ美麗で、素晴らしいの一言に尽きる『サンタ・マリア讃歌』（『サンタ・マリア古謡集』）について説明したい。この作品は分類上は詩に属するであろう。四〇〇以上の抒情詩と物語詩の大集成であり、多くの音楽と中世の日常生活を生き生きと描いた一三〇〇近い絵画を挿入している。われわれ日本人はこの生気あふれる細密画を観ることによって、宮廷の儀式、宗教上の行事、ムスリムとキリスト教徒の戦闘場面から、農民や牧人たちの生活風景に至るまで、はたまた絞首台の死刑執行やベッドのなかの愛人たちまでも、中世盛期のイスパニアの有りのままの姿を視覚的に知ることができる。文学・音楽・絵画・芸術・歴史が一体となった総合芸術といえよう。事実、奪還されたセビーリャ市のカテドラールにおいて、聖母マリアの祭りの日に詩と音楽を交えて実演されたと伝わる。なお写本はエル・エスコリアール宮殿・美術館に保管されているが、スペイン語や英語で出版されてきた研究書でもこれら絵画を見て、楽しむことができる。

つぎに『サンタ・マリア讃歌』の制作時期と制作動機について検討してみよう。作品の壮大さからしても相当の年月を要したであろう。アルフォンソ王治世初期から取り掛かり、最初の詩一〇〇は一二五七年から六五年の間に編まれたと思われる。残りは治世全体にわたって続けられていった。国王自身が詩人であり、王子の頃から構想を練っていたことは確かであろう。一二世紀から一三世紀にかけてのイタリアとイスパニアで民衆の間に広まっていたマリア信仰を背景に、自身の聖母マリアへの信仰と愛着を総合芸術の形式で表明しようとしたのである。それゆえこの作品はアルフォンソ一〇世の一番のお気に入りだったであろう。

作成動機にはもうひとつ挙げられよう。一三世紀初期まで、カスティーリャ王国でもアラゴン王国でも国王や貴族たちは、プロヴァンスの宮廷恋愛詩を主とする吟遊詩を愛好し、それが支配的であった。しかし一三世紀初期、フェルナンド三世以降ガリシア語やポルトガル語で書かれた詩が宮廷に取り入れられた。アルフォンソ一〇世時代には、この新しい詩が主流となり、プロヴァンスの詩を後景に追いやってしまった。おそらくこれは外国からの到来物に対する自国文化の再評価ないしは、ガリシア語を母語のように考えることのできるアルフォンソ王自身の教育・指導の結果であろう。

以上アルフォンソ賢王の文化事業のあらましを述べた。しかし読者は幾つかの疑問をもたれたであろう。それらの疑問に答えながら、文化事業の意味を探ることにしよう。

c．国王の関与度

国王自身が指揮を執ったことに疑いの余地はないが、どの程度書物の作成に関与したのか。この点については長く議論されてきた。歴史書の場合は、何人かから成るチームを編成して、彼らに筋道を示し、どのように仕上げるかを指示したと思われる。間接的関与ではあるが、良い歴史書をつくることによって、王国民の教養を高め、彼らに原初的国家意識を植え付けることを意図していたので、進捗状況をつねに見守っていたことは確かであろう。図像学研究者は、国王の制作への参加を示すために、自身の肖像をどこかにしのばせているという。たとえば、『サンタ・マリア讃歌』では、奇跡の受け取り手として、あるいは吟遊詩人として描かれている。これは服装や服装に付けられた紋章によって確認できるとする。書物の場合は、口絵において肖像画を描かせる。もっと明白にする場合は、床に座り、王の回りに書記たちをはべらせて、口述筆記させているポーズをとる例もある。他方、翻訳書などの場合は、科学知識の理解もさることながら、母国語充実のためカスティーリャ語に専門語・教養語をいかに取り入れるかに、より心を砕いたことは間違いない。

d. 翻訳者

一二世紀の私的翻訳においては、主たる翻訳者はモサラベであった。しかし一三世紀後半になると、上述したようにモサラベはキリスト教社会に同化していったうえ、アラビア語も使用しなくなった。代ってその仕事を引き受けたのはユダヤ教徒であった。先に触れたように、キリスト教徒としてはフェルナンド・デ・トレド、ギィリェン・アレモン・デ・アスパ（元フランク人）などのカスティーリャ人の名が知られ、フアン・デ・メシナ、フアン・デ・クレモナ、ペドロ・デ・レッジオなどのイタリア人の名も見いだされる。これらイタリア人はフェデリコ二世によって創られたパレルモの学校で教育を受けた人々と推定される。例外的ではあるが、イスラームからキリスト教に改宗したコンベルソにベルナルド・エル・アラビゴがいる。ラペサはこの人物をフランク人とするが明らかな誤解である。ムデハルの名は見当たらない。

これら人物のようにキリスト教徒の名も史料に出てくるが、ユダヤ教徒の名の方がはるかに多い。もはや学術上のアラビア語を理解できるのはほとんどユダヤ教徒だけとなっていたのがその最大の

図6-3　翻訳の協力者、左２人はキリスト教徒。右の人物はユダヤ人。

理由である。かつてメネンデス・ピダルやサンチェス・アルボルノスなどの〈国粋主義的〉歴史家たちはキリスト教徒の重要性を主張したが、スペイン人アラビア学者たちは戦後初期からそれを否定してきた。彼らは、「ユダヤ教徒が彼らの偉大な知的能力及びアラビア語とロマンス語の高度な運用能力、そしてこれに基づく原典の忠実な翻訳能力のゆえに、もっとも偉大な科学者集団を形成した」と主張する。

ユダヤ教徒共同体は彼ら独自の研究者集団をもち、文芸・科学・哲学の分野で多大な研究業績を上げたと今日では見なされている。ノーマン・ロスなどは、かつてイスラーム教徒の作品と見なされたもののなかに、多数のユダヤ教徒自らの書物があると指摘する。彼らは単なる翻訳者ではなく、優秀な研究者でもあったのである。ユダヤ教徒のなかには、アラビア名を名乗っていた者がいたし、本名を記さないで通称で署名したりしたので、ユダヤ教徒と特定できない場合が少なくないからである。このような障害を乗り越え、ロスは書名と翻訳者ないしは著者を相当程度特定するのに成功している。ここではそのリストを掲載する紙幅の余裕はないが、たしかにユダヤ教徒の業績は抜きんでている。

e. 国語の成立

すでに随所で触れてきたように、中世の文語文はラテン語である。日常生活に使用される言葉はフランスであれイスパニアであれロマンス語である。ヨーロッパ諸国では、各々の言語が詩に対してのみ使用されていた時代に、アルフォンソ一〇世は上述したように、幾つかの法典と歴史書そして多くの翻訳書において、決然とカスティーリャ語を使用した。この決断には幾つかの理由が考えられる。ひとつにはユダヤ教徒がラテン語を完全には知らないこと、さらにラテン語に訳するならば、それを熟知する聖職者に相談しなければならず、その場合彼らの表現形式に従うことになる恐れが生ずることである。しかし最大の理由は、当座は上流階級しか理解できないにしても、ゆくゆくは広く王国民に理解させたいという願いである。カスティーリャ王国がフランスなどと比べれば、文化的に遅れていることを認識していたので、文化水準の向上を目指していたであろう。そのためには国語としてカスティーリャ語を確立する必要があった。

それまで話し言葉にすぎなかったカスティーリャ語を高度な内容の伝達にも適した言葉に昇華さ

せなければならない。豊かな語彙を誇るアラビア語の原典を翻訳するにはカスティーリャ語にもそれに対応する言葉を創りださなければならない。そのため賢王はひとつの言葉に多くの定義を加えたり、アラビア語の抽象語を取り入れたりした。かつアラビア語の多くの統合論をカスティーリャ語に取り入れた。言うのは易しいが、法律・歴史・文学さらに諸科学を理解するための適切な言葉を創造する努力は筆舌に尽くしがたいものであったであろう。かくして口語体カスティーリャ語は、広範囲の知的作品のための言葉になった。これ以降国璽尚書院で作成される公文書もカスティーリャ語となった。アルフォンソ一〇世はカスティーリャ語散文の創造者と言われるゆえんである。

(3) アルフォンソ一〇世に対する評価

かつて否定的であった政治家としての評価は、今日修正されつつある。たしかに外交分野においていくつかの失政があり、内政においては著しい物価騰貴を招き、経済を混乱させた。またアンダルシアのムデハルの反乱とその鎮圧も政策よろしきをえれば、回避できたかもしれない。しかし彼の時代はイベリア半島内のみならず、ヨーロッパ全体でも、稀にみる危機と激動の時代であり、傑出した政治家をもってしても適切に対応できたかどうか訝しい。

他方、彼の事績には高く評価される点も多い。ヨーロッパで最初に中央集権化を推進しようとした君主である。カスティーリャ王国には各地にその地方を統べるフエロが存在し、これらを廃止し、王国全体の法体系を確立する必要があった。『七部法典』はローマ法の影響を受け、王権強化を図る目的もあった。しかしフエロのような慣習法に慣れ親しんできた、カスティーリャ臣民に同一の法（フエロ）を強制することはできなかった。この法典が実際に発布されたのは一三四八年である。この間約五〇年、アルフォンソ王が支援したサラマンカ大学法学部（一二一八年創建）と法律家たちがさらに推敲し、整備した。法典が自身存命中に発布・施行されなくとも、国と社会がそのような法典を必要とする時代が必ず到来することを見越していた。ここにアルフォンソ一〇世の先見の明を我々は見る。

このように、レコンキスタ終了後のカスティーリャ王国の中央集権化と法整備をおこない、近世国家への礎を築くという事績に加え、文化事業においても偉大な業績を残した。中世において、法律、歴史、音楽、詩、自然科学、カスティーリャ語の確立、造形芸術、あるいは建築分野に至るまで、広範囲にわたって偉大な文化活動を実践した君主は、イベリア半島はもちろん、ヨーロッパ全体でもほとんど見当たらない。バーンズは「世界の驚異」とまで言った。この業績によって、アルフォンソ一〇世は「賢王」と呼ばれたが、「学術王」という異名こそふさわしいと思える。揺籃期の国家の論理と美の総攬者としての君主であるといえよう。

カスティーリャ王国は、戦争遂行型社会であり、文化的・経済的に遅れた国であった。それにもかかわらず、ヨーロッパ諸国に対し誇れる仕事を成しうることができたのは、イスラーム文化圏にもっとも近く位置したからである。とりわけトレドがそうであった。トレドのタイファ王が文化活動に情熱を傾けたため、偉大な科学者たちが宮廷にいた。トレドがキリスト教徒の手に落ちた時、ムスリム知識人の大多数はこの地を去ったが、イスラーム社会と文化に慣れ親しんでいたモサラベとユダヤ教徒がいたことは、何にも代えがたいことであった。トレドにいた彼らの協力によってほとんどすべてを成し遂げることができた。残念なことは、トレドに大学が創建されなかったことである。渡来した知識人を教授陣に迎え入れることによって、国際色豊かな学府をつくれたにもかかわらず。

アルフォンソ一〇世の宮廷には多くのユダヤ教徒がはべり、翻訳活動のみならず多くの分野で国王を支えた。有能なユダヤ人財務官がグラナダ王国からのパリア取り立て、諸税の徴収など、とりわけ金融部門において重要な役割を果たした。このような事実から、アルフォンソ一〇世は親ユダヤ教徒の王と一般的に見なされてきた。しかしユダヤ人問題は複雑で、異論も提起されている。アルフォンソ王の対ユダヤ教徒政策ないしはユダヤ教徒観の真相はどのようであったのか。

一三世紀のヨーロッパでは、反ユダヤ主義の気運がいっそう強まっていった。ユダヤ教徒迫害が酷くなった重要なきっかけは十字軍遠征であり、一二世紀にはユダヤ教徒排斥が広まり、彼らは社会の周縁的地位へと追いやられていった。ユダヤ教徒差別を公式に決めたのは、一二一五年の第四回ラテラノ公会議である。この会議において反ユダヤ教徒の決議がなされ、ヨーロッパ諸国でユダヤ教徒に識別マークを強要する、ユダヤ教徒はキリスト教徒を支配する地位に就いてはならない、などの露骨な反ユダヤ主義の政策が実行されていった。イギリス（エドワード一世）は先陣を切って一二八九〜九〇年にユダヤ教徒追放をおこなった。厳密に個人の物と見なされた資産を除いて、

図6-4　宮廷人を前に文書を読み上げるアルフォンソ10世

すべての資産が剥奪された。キリスト教徒との共有地に対する権利や債権の証文も剥奪された。次いで一四世紀初めフランス、ナポリ、オーストリア、ドイツの領邦国家の大部分もこの方策を真似て追放した。

しかしイスパニアでは事情が異なる。この会議に出席していたトレド大司教ロドリゴは、この決議に反対し、トレドに戻ると「神とその名誉のために」ユダヤ教徒をつねに守ると約束した。他方、歴代教皇は決議事項の実行を迫る大勅書をカスティーリャ国王あてに再三出した。しかしフェルナンド三世とアルフォンソ一〇世は聞き流した。ユダヤ教徒を追放しては、王国経営が成り立たないからである。アルフォンソ王の親ユダヤ観を否定する研究者は、このような実際的理由からユダヤ教徒を保護したにすぎないとみなす。

否定する最大の根拠は『七部法典』と「国王フエロ」のなかのユダヤ教徒にかんする法令である。『七部法典』からは、ユダヤ教徒がキリストを十字架に掛けた人間の一族から出ていることを決して忘れないために、ユダヤ教徒は永遠の捕囚の身としてのみキリスト教徒世界で生きることができる、という趣旨を読み取れる。要するに、呪われた民であり、神殺しであるとする。この観点から、さまざまなユダヤ人迫害規定が定められた。

具体的には、「識別マークをつける」、「一定の服装・布地・履物の使用を禁ずる」、「隔離された場所に住む」、「キリスト教徒との結婚を禁ずる」、「キリスト教徒はユダヤ人の家に住むことはできない、ユダヤ人の子供を養育できない、ユダヤ人の招待に応ずることはできない」、「ユダヤ人医師はキリスト教徒病人を診てもよいが、その手で薬を調合してはならない」、「訴訟においてキリスト教徒の弁護を受けることはできない」、「キリスト教徒を支配する公職に就くことはできないし、キリスト教徒の資産を買うことはできない」などである。

このように規定は厳しい。しかし上述したように、この法典は一四世紀半ばまで施行されなかった。ユダヤ人を公職に就けてはならないと規定しておきながら、王自身が宮廷において金融・財務の要職にユダヤ人をつけ、キリスト教徒から税を徴収させている。ユダヤ人を排除していては、文化事業も国家経営も遂行できないことは明白である。トレド大司教も広大な所領からの収入の徴収と運用（金貸し）にユダヤ人を使っているので、キリスト殺しであったとしても追放などできるはずもなかった。イギリスでユダヤ教徒を追放できたのは、金融部門でユダヤ教徒を必要としなくなったからである。

アルフォンソ一〇世のユダヤ政策は必ずしも一貫性をもっているわけではない。反ユダヤととれる行動も散見される。それは時代の転換点にあり、明白な親ユダヤ主義を打ち出せないがゆえである。他方、シナゴーグの増設を承認している事実は重い。「賢人」治世がユダヤ教徒全盛の時代であることは確かである。

ではなぜ実行できない反ユダヤ主義の法律をつくったのだろうか。それは対教皇庁政策と解釈できる。教皇から再三にわたりユダヤ教徒排除を命ぜられている国王としては、法律だけでも反ユダヤ教徒の規定をつくり、教皇の圧力を緩和する必要を感じていたはずである。しかも神聖ローマ皇帝就任の野心を抱く国王には、教皇の支持は不可欠であった。

またアルフォンソ王はいずれユダヤ教徒を排除しなければならない時代が来ることを認識していたであろう。ユダヤ教徒の高い能力は解っていながらも、キリスト教世界の有力な君主になるためには、親ユダヤ教徒政策を維持しつづけることの難しさも理解していたであろう。他方、ムデハルに対しては一二六四年の反乱以降、厳しい政策をとるようになった。一二六九年、モロッコの新たな覇者となったマリーン朝とグラナダ王国と連携し、反乱を起こす恐れのあるムデハルは切り捨てられる運命にあった。ユダヤ教徒とは違い、宗教上の理由ではなく、政治的理由に基づく政策判断である。

以上のような対異教徒政策を見る時、アルフォンソ一〇世は「三教徒の王」とは言えない。少なくともムデハルはこの治世以降、移住したセゴビアやアビラなどの旧カスティーリャのいくつかの都市と新カスティーリャのグアダラハラ地方を除いて、零落の一途をたどる。一方、ユダヤ教徒とは、王自身なんとか均衡をとろうとした様子が窺える。

VII

結論

モサラベによって10世紀に創建されたサン・ミゲール・デ・エスカラーダ修道院（レオン）の、イスラーム風の装飾を施された祭壇前の仕切り。キリスト教の修道院にイスラーム風のレリーフがとり入れられている例のひとつ。

1　共存

中世スペイン社会で三教徒が共存していたかどうかについては、長く議論されてきたが、まだ結論を出すには至っていない。現代においては政治的に利用すらされて、むしろ混迷の度を深めている。しかし本書が扱う一二〜一三世紀のトレドに関しては、「共存」は存在したと言える。「共存」はスペイン語でコンビベンシア（convivencia）と言う。このスペイン語を直訳すれば、「共に生きる」ということである。字句通りには、「共生」・「共棲」などと訳すのが正確かもしれないが、原語のニュアンスは歪む。むしろ〈平和共存〉と訳するのがふさわしく、肯定的なニュアンスがある。日本語の「共存」にも肯定的なニュアンスがあるので、この言葉を当てるのが適切であろう。フランス語や英語にはこれに対応する言葉がなく、スペイン語のコンビベンシアをそのまま使用している。

これに関連する言葉として、コエクシステンシア（coexistencia・英語では coexistence）という「共に存在する、在る」という意味の言葉があり、「共存」という訳語がぴったりである。この言葉は、研究者によっては、理想的なニュアンスを持つ「コンビベンシア」より「コエクシステンシア」の方が現実を反映すると言う。その理由として、三教徒は必ずしも仲良く暮らしていた訳ではない事実を指摘する。しかし「共に存在する」というだけでは、相互に何の関係も交渉もない状態でも、あるいはお互いに必要最低限に接触すれば、後は冷たく住みわけているだけの関係でもよいことになる。

しかしわれわれが検討してきたとおり、トレドでは三教徒はほとんどあらゆる分野で接触し、必要なら協力しあって生きていた。交流は高度な翻訳作業のような分野における知識人たちの世界にとどまらない。農業においては、主たる農地所有者の聖俗貴族とそれを耕作する農民の関係、さらに異教徒間の共同農作業に至るまで多岐にわたる。手工業でも異教徒間の徒弟関係が存在し、商業においても宗教が取引の障害になることはなかった。西ヨーロッパではもはや一三世紀に守護聖人をパトロンとする同職組合が結成され、そこからユダヤ教徒を排除した事実と比較すれば、その差はあまりにも大きい。ムスリム時代のスーク（市場）もそのまま使用し、異教徒が手を触れた肉や野菜でも頓着することなく、キリスト教徒は購入した。フランスなどでは、異教徒が触った食物を食べることなどありえなかった。シチリア王国では、イブン・ジュバイルが書き残しているように、各宗教徒は専用の市場をもっていた。共通の市場がなかったことになる。

居住区についても相対的に自由であった。トレドでは市内においても、農村においても、明確な住み分けはせず混住していた。高山博氏によれば、それに対し、共存の地シチリア王国では、混住しておらず、モザイク状に住みわけていた。この点でもトレドのほうが理想的な共存に近い。言語について言えば、書き言葉も話し言葉も、アラビア語がいちばん多く使用された。これはフェデリコ二世時代のシチリア以外、キリスト教世界ではなかった現象である。

さらに重要な点は信仰が保障されたことである。ムスリムは大メスキータがカテドラールに転換されてしまう悲劇を味わったとはいえ、小メスキータは存在し続け、信仰を妨害されることはなかった。ユダヤ教徒も既存のシナゴーグで従来通りユダヤ教の儀式を執り行うことができた。街路での祭事などに対する、中世後期に登場する制限規定は一二、一三世紀にはまだ設けられていない。しかしユダヤ教徒に対するキリスト教徒の憎しみは徐々にフランスから浸透してきた。災難があるとユダヤ教徒のせいにしがちであった。一一〇八年のアルモラビデに喫した敗北を謂われもなくユダヤ人のせいにして、襲撃したと伝える年代記がある。これは明らかに、フランク人やクリュニー僧による使嗾《しそう》である。しかし全体的に深刻な争いはなく、市内で隔離されることもなく、三教徒は混住していた。近郊の小都市や農村では異教徒間の関係はいっそう温和であり、共存していたことは明らかである。トレド西方にある、タホ河流域の街タラベラはトレド市以上に共存の街であった。トレド市は決して例外的な共存の街ではなかったのである。宗教的迫害はもちろん社会的迫害もなかった地域と結論づけることができる。

それゆえに、一二～一三世紀のトレドでは三教徒の共存（コンビベンシア）は存在したと断言できる。むろんそれは相対的な共存である。現在の基準に照らせば、差別社会ではある。異教徒に寛容であったウマイヤ朝カリフ時代において、キリスト教徒は二級市民同然であった。しかし中世は自由民主主義の時代でも、人権の時代でもない。各社会層・クラン・宗教集団あるいは共同体がそれぞれの理念と利益を追求していた時代の、差別社会における共存である。今日、自由民主主義・人権を標榜する欧米社会においてすら、宗教的・人種的差別と迫害の例に事欠かない。第二次世界大戦における日系アメリカ人の強制収容、戦後のマッカーシズムなどはその例である。全体主義・独裁主義国家における処刑・虐殺はとても人間がしたとは信じられないほどの行為である。戦後、国家による「殺人」で消された人の数は、第二次大戦における戦死者の数をはるかに上回ることは周知の事実である。これらの事実を前にするとき、イスラーム支配時代のイスパニアや中世盛期のトレドの社会がいかに寛容であったかは明らかである。

この共存をもたらした要因をいま一度見直して本書を締めくくろう。

2　共存の要因

（1）国王の異教徒保護

アルフォンソ六世はトレド奪還の折、ムスリムたちに信仰の自由・移動の自由・私有財産の所有・職業の自由などを約束した。これはイスラームが半島に侵入した時にとった、啓典の民に対する一定の敬意の政策を、今や逆にキリスト教徒が採用したのである。それゆえに、半島のキリスト教徒とイスラームはお互いを映し出す「鏡像関係」にあると言われる。

ユダヤ教徒についても、ムスリムに与えたと同じ自由を彼らにも約束し、国王直属の家臣として保護した。ムスリムのような脱移民がなかったうえに、アルモラビデとりわけアルモアーデによる迫害を嫌って、アンダルスから移住してきたユダヤ教徒を加え、ユダヤ人口は増加していった。有能なユダヤ人は国王によって登用され、ユダヤ人共同体は繁栄を享受した。まだ後世のような強い反ユダヤ主義はみられず、キリスト教徒との関係はまず良好であった。

これら異教徒たちは、カスティーリャ王の寛容政策を多とした。彼らが国王に対して一定の親愛の情をもっていたことは、いくつかの年代記がわれわれに伝える。サアグンの年代記は、アルフォンソ六世が死亡した時、キリスト教徒のみならずユダヤ人もムスリムも嘆き悲しんだと書き残す。アルフォンソ七世の年代記は、アルフォンソ王がアルモラビデ軍に勝利して、トレド市に戻った時の状況を次のように伝える。「市のキリスト教徒、サラセン人およびユダヤ人のお偉方と一般市民が市内から遠くまで出向いて、鉦《かね》、太鼓、チターなどを打ち鳴らして歓迎した。各民族は、皇帝のすべての業績を、おのおのの神である、ヤーベ、キリスト、アッラーが援助してくれたので、各々の言葉でそれらの神を称揚し、栄光を称えた」。さらに「神の名においてやって来た者に祝福あれ」と付け加えた。キリスト教徒の王に対し、親愛の情を示す異教徒の姿は年代記類のなかで折々書き記されている。

これら異教徒の行為は、今や自分たちの主君がキリスト教徒の王であることを自覚し、その保護を受けるための迎合とも受け取れるが、キリスト教徒国王に悪感情を抱いているならば、ありえない行為である。

（2） 歴代トレド大司教の融和策

奪還後の初代大司教ベルナールはムスリムとの寛大な降伏条件を無視して、大メスキータをカテドラールに転換してしまった。しかしその後のクリュニー僧大司教たちは異教徒を迫害するような態度はとらなかった。ムスリムは最初から数的にわずかとなっていたので問題となるような事態が発生する可能性は低かったとしても、ユダヤ教徒は多数存在した。宗教上の憎しみはむしろ彼らに対してこそ強かった。しかし反ユダヤ主義を吹聴するには至らなかった。おそらくクリュニー僧たちは、自分たちがフランク人であり、嫌われていることを自覚していたので、当分現状を維持することにしたのであろう。そのうちに遠路はるばる外国人研究者がやって来て、貴重な原典の翻訳に異教徒も交えて従事する有様を見て、異教徒を弾圧する愚を悟ったのであろう。またフランスにおいて抱いていた異教徒に対するイメージと現実に接触する異教徒の姿とのあまりの違いに、驚くとともに反省もしたであろう。

四代続いたクリュニー僧大司教の時代が終わり、ついに一一八一年カスティーリャ人が大司教の地位に就いた。彼らも翻訳活動を支援し、温和な異教徒政策に徹した。一二〇九年から一二四七年まで四〇年近くトレド大司教の座にあった第八代ロドリゴ大司教は、対イスラーム戦を鼓舞した人物であるにもかかわらず、異教徒を弾圧することはなかった。一二一二年のラス・ナバス・デ・トロサ戦に参加するためにやって来た外国人、おもにフランク人たちがトレド市でユダヤ人を襲撃した時、ロドリゴはそれを強く非難し、阻止したのであった。ラテラノ公会議で決定された反ユダヤの諸条項もイスパニアでは実行されなかった。イベリア半島第一のトレド大司教がこのような態度をとるなら、ユダヤ人攻撃などは起こるはずもなかった。

クリュニー僧がイスパニアに派遣された、ひとつの重要な理由はモサラベが行なっていた西ゴート様式の典礼を止めさせ、ローマ式に改めさせることであった。しかしそれも強制しなかった。一三世紀中葉のロドリゴ大司教の下ですら、従来通りの典礼が認められていた。今日ですら、トレド市にある二〇の教区教会のうち、一八がローマ式典礼の教会であるが、二はモサラベ様式の教会である。

(3) 国境の街としてのトレド

国境という言葉が国家の境界を意味するようになるのは、近世以降、より厳密には近代以降である。中世においては空間の制御は、若干の例外を除いて、境界石あるいは城塞群の確立でもって実現することはなかった。異なる政治権力の領土の果ては、不確かで変化しやすい性格の辺境を形成する。このような境界にある地方は、言葉の地理的意味において、不連続の軍事的国境として現れる。そこでは通常軍隊が国境をつくる。

トレドはアンダルスへの国王軍の軍事遠征の出発地点であった。トレド市自体も防衛と略奪遠征のためのミリシアを持っていた。これらキリスト教徒軍とイスラーム軍の力関係によって国境は移動する。このような地帯では、すべてが不安定で相互浸透しやすい。人、物、文化、技術の移動・移転は容易である。事実一二世紀において、アンダルスからは多くのユダヤ教徒とモサラベがトレドに移住した。一三世紀後半以降になると、多くのムデハルが旧カスティーリャにまで移住した。平穏の時代には商人の出入りも日常的であった。その結果、トレドには三教徒が住み、イギリス、フランス、イタリアなどからも外国人が来訪し、共存することになった。いわば多様な文化をもつコスモポリタン的都市であった。このような都市は、人種、宗教、文化の違いにおおらかである。

(4) 異教徒観の違い

イスパニア人と北部ヨーロッパ諸国、とりわけフランク人との間で異教徒観に著しい違いがある。フランスでは地中海沿岸部の一部の地方がムスリムに支配されたことはあったが、ほとんどの地方でフランス人はムスリムと共に生きるどころか、その姿すら見たことはなかった。そのため観念的に、勝手なイメージをつくりあげる。フランク人の頭の中では、ムスリムは怪しげな宗教を信ずる、悪魔のような存在である。そのため彼らがイスパニアにやって来たときには、異教徒に蛮行をはたらく。一二一二年のナバス戦に参加するためにやって来たフランク人たちが、トレド市でユダヤ教徒を襲撃しようとしたことはすでに述べた通りである。

もっと残虐な行為に走った例は、一〇六四年のバルバストロ要塞都市の攻撃である。フランク人諸侯、ノルマンディー人、イタリア人、そしてアラゴン王国のウルヘル伯などから構成された、〈準十字軍〉はバルバストロ明け渡しの条件として、ムスリムに対し生命、資産などを保障した。それにもかかわらず市明け渡し後、約束は反故にされ、資産は奪われ、婦女子は凌辱され、男は奴隷にされた。この時ユダヤ人共同体も蛮行の対象になり、キリスト教徒聖職者が止めに入ったほどである。

このような蛮行はイスパニア人にとっては想像を絶するものであった。ムスリムは身近な存在であり、野蛮であるどころか、自分たちよりも進んだ技術・文化を持つ民族であると認識していた。聖職者たちの間でも、異教徒に対する認識の違いは大きい。そもそもローマ教皇からして戦闘的である。グレゴリウス改革を推進したグレゴリウス七世（一〇七三〜一〇八五年）は、聖書のエレミア書のなかにある「剣に血を見せない者は呪われるべきである」という語句を好んで引用した。異教徒などは殺してしまえという態度である。

国王にしても、カスティーリャ王とフランス王とは、宗教観・異教徒観において著しい違いがある。カスティーリャ王の方がはるかに世俗化している。フェルナンド三世はサラマンカ大学創設に際し、神学部をつくらず、法学部のみにしている。アルフォンソ一〇世も『七部法典』作成に見られるように、法学にいっそう関心があり、神学部創設の意図をもたなかった。また聖遺物を珍重していない。これに対し一三世紀後半のフランス王、ルイ九世（聖ルイ）は聖遺物を崇め、大司教から祝福されることに無上の喜びを見出した。十字軍遠征にも異常な熱意を燃やし、一二四八年第七次十字軍遠征に出発し、一二七〇年には、第八次十字軍を率いて東方に向かい、上陸先のチュニジアで客死する有様であった。この結果、聖ルイはローマ教皇から理想の君主と称えられた。教皇から見れば、宮廷内にすら異教徒を抱えるカスティーリャ王などは、唾棄すべき存在であった。

異教徒観の違いは文学作品に反映される。フランスの叙事詩『ロランの歌』とカスティーリャの叙事詩『エル・シッドの歌』を比較すれば、対イスラーム観の違いは明らかである。

(5) モサラベの存在

モサラベはトレドにおいてかけがえのない存在であった。第一に、トレド市で最大の人口を占めた。第二に、アンダルスの事情に通じ、文化水準も高かった。アルフォンソ六世は、これら有能なモサラベを市の要職につけ、トレドのキリスト教世界への移行を円滑に行う、大切な役割を彼らにゆだねた。初代トレド総督シスナンド・ダビデスはモサラベの伯爵であり、かれの指揮下でキリスト教世界への移行を行うはずであったが、定かでない理由からその職を解かれた。しかし地元のモサラベ共同体が代ってその役割を十分に果たした。さらに多様な人種と異なる宗教を信ずる者たちの対立が表面化しないように、配慮を施した。

両世界の仲介役としてのモサラベの重要性は、一二六四年のアンダルシアのムデハルの反乱をみれば、明らかである。モサラベはアルモラビデとアルモアーデの迫害を逃れて、すでにトレド以北に移住してしまっていたが、もしアンダルシアにモサラベが多数残っていたなら、アルフォンソ一〇世とムデハルの間を取り持つ役割を果たし、反乱を未然に防げたかもしれない。モサラベは一三世紀後半には、カスティーリャ化し、カスティーリャ社会に溶け込んでいった。自然の成り行きではあるが、このことも一四世紀以降、共存を困難にしていった間接的要因であろう。

以上のような諸要因が幸いして、一二～一三世紀のトレドはヨーロッパでは類を見ない、異文化・異教徒共存の街となった。高山博氏は、シチリアの異文化集団の共存の要因を強力な王権の存在に求めている。カスティーリャ王国でも王権は強力であり、この点も無視できないが、上述したように多様な要因があったのである。だからこそ、シチリア共存の時代が一一三〇年から一二二〇年までの、約九〇年間であるのに対し、カスティーリャではトレド解放の一〇八五年からアルフォンソ一〇世死去の年一二八四年までの約二〇〇年間に及んだのである。

エピローグ

一二・一三世紀に異教徒共存の街であったトレドは、世紀が改まると次第に様相を異にするようになる。一四世紀はイスパニアのみならず、ヨーロッパ全体が危機に覆われていった時代である。気候の悪化も関係したが、最大の原因は黒死病の蔓延である。黒海から持ち込まれたこの疫病は、世紀初期にイタリアで発症し、ついに一三四八〜一三五〇年にかけヨーロッパ全体に広まった。人口は激減し、経済は危機に陥った。蔓延の原因がユダヤ人による井戸や川への毒の投入というようなデマが広まり、一二世紀から始まり一三世紀にすでに高揚していた反ユダヤ感情に油を注ぐことになった。

このペストはイスパニアにも地中海貿易に従事する船舶によってもたらされた。カスティーリャ王国も、ヒブラルタル（ジブラルタル）攻囲のために参戦していたアルフォンソ一一世がこの病で死亡するという悲劇を味わった。しかし黒死病蔓延はかなりの死亡者を出したが、他のヨーロッパ諸国と比較すれば軽微であった。トレドも若干の発症の記録はあるが、一部の街区あるいは周辺の若干の町に限られた。しかしトレドでは、それ以上に深刻な経済的危機とユダヤ人攻撃を引き起こす事件が勃発した。ペドロ／エンリケ戦争である。

カスティーリャ・レオン王ペドロ一世（一三三四〜一三六九）に対し、妾腹の兄弟エンリケが王位を狙い、反乱を起こした。エンリケは、多数ユダヤ人を宮廷に抱え、親ユダヤ政策をとるペドロに対し、反ユダヤ主義を掲げ、宣伝工作に努めた。反乱主旨は別のところにあるのに、王国民一般を味方につけるために迎合し、イスパニアにも北西ヨーロッパから浸透し始めていた反ユダヤ主義を強力に掲げた。このエンリケの反ユダヤ・プロパガンダが王国における反ユダヤ感情の醸成に決定的となった。宮廷都市として、カスティーリャ最大のユダヤ人共同体を擁していたトレドでも、民衆のユダヤ人に対する日ごろのねたみや恨みから、ユダヤ人街襲撃事件が勃発したのである。エンリケ自身もトレド市を包囲した一三六八〜六九年、ユダヤ人を攻撃した。ユダヤ人が嫌われた理由は宗教上の理由もあったが、徴税請負人として嫌悪されたことが最大の理由である。民衆には徴税請負人の背後に存在する国王や大司教の姿は見えず、取立人にしか憎しみの捌け口を向けるしかなかった。ほとんどのユダヤ人は質素な生活を強いられていたにもかかわらず、経済状況の悪化が富裕で強欲なユダヤ人というステレオタイプの像を作り上げてしまった

このような内乱によって拍車がかかった経済状況悪化のなかで、トレドのユダヤ人をさらに奈落の底に陥れる事件が起こった。一三七〇年代半ば、エシハ（アンダルシア）の助祭長フェラン・マルティネスが、キリスト殺し、強欲の民など罵詈雑言の反ユダヤの説教をし、ユダヤ教徒殺害を使嗾したのである。国王も司教も止めさせようとしたが、民衆の支持を背景に強気の姿勢を崩さなかった。この扇動に乗って、セビーリャ、コルドバなどのアンダルシア諸都市で民衆はシナゴーグ破壊

と略奪を欲しいままにした。死者も出たが、民衆の目的はユダヤ人の家を襲い、略奪することであった。

ユダヤ人襲撃がトレドに及ぶことを恐れたトレド大司教ペドロ・テノリオはマドリーで開催されたコルテス（身分制議会）に出席し、ユダヤ教徒保護を訴えたが、功を奏さなかった。その結果一三九一年、悲惨なポグロム（大虐殺）がトレド市で発生した。この時多数のユダヤ教徒が殺戮され、シナゴーグも破壊された。同時に、多数が恐怖からキリスト教に改宗し、名前も変えた。この改宗者のことを、軽蔑の念もこめてコンベルソと呼んだ。多くの改宗者が出たことや、略奪によって不満もある程度解消されたこともあって、反ユダヤ感情はいったんは沈静化した。

しかし一五世紀になると、事態はまた新たな展開を見ることになる。「新キリスト教徒」たちは宗教上の障害がなくなったことにより、王侯貴族の宮廷、教会、市参事会などに進出し、高位の役職に就くこととなった。この状況を前にして、「旧キリスト教徒」たちは嫉妬のまなざしで「新キリスト教徒」を見るようになった。加えて、望んだ改宗ではなくやむを得ない改宗であったので、宗教上の疑いをかけた。偽の改宗者が旧キリスト教徒を支配する地位に就いていることに我慢ならなくなった。その結果、一四四九年コンベルソとユダヤ人に対する暴動が起こった。ヨーロッパでもほとんど類を見ない事象である。これ以降カスティーリャ王国の社会を揺るがすことになる〈コンベルソ問題〉がここに発生したのである。

トレド市参事会は、コンベルソ憎しから「純血規定」をつくり、ユダヤ人の血をもつ者に公職に就くことを禁じたのである。キリスト教への改宗者を血でもって差別することは、キリスト教の教えに背くものであった。それ故に国王はこの規定を弾劾するとともに、教皇に使者を遣わし、純血規定の無効の教書を得た。しかし純血規定は半島南部、とりわけアンダルシア各地に広まっていった。近世になると、祖先にまでさかのぼって異教徒の血をもたないかどうかが、最高の価値基準とまでなった。この結果近世カスティーリャ社会は、相互監視の陰湿な社会となった。

異教徒共存の街トレドは、中世後期以降、異教徒はもちろん〈純血でない者〉も排除する、忌わしい街となってしまった。一二〜一三世紀にはイスラーム文明の影響が残り、異教徒に寛容であったカスティーリャは、西ヨーロッパ、おもにフランスからのキリスト教文化の浸透と教皇からの圧力によって、宗教上不寛容な国となった。農牧畜業主体のカスティーリャ社会は、商工業の発展したイスラーム世界の開かれた〈共同体間倫理〉から〈共同体内倫理〉の閉鎖的社会に転落していったのである。金融・財務の重要職へのユダヤ教徒の就任に対する嫉妬も大きい影響をもった。悲劇的なことは、ユダヤ教徒問題がねじれ、コンベルソ問題も引き起こしてしまったことである。

このように中世トレドは共存から異教徒・異端を認めない閉鎖的社会へと激変した。しかし「はじめに」において述べたように、イベリア半島は古代フェニキアの時代から、次のローマ時代、西ゴート時代、イスラーム時代とつねに外に開かれた社会であり続けた。この間、西ゴート時代にユダヤ教徒迫害の時代があったことは事実である。しかしその時代はレカレド一世がカトリックを国教とした五八九年から、イスラーム時代が始まった七一一年までの百年強にしかすぎない。それに対し寛容の時代は長く、コルドバを首都とするカリフ国時代には、キリスト教徒とユダヤ教徒に対し宗教行事において一定の制限があったにしても、啓典の民への迫害はなかった。宗教・民族を問わず、何人もアンダルスへの出入りは自由であり、それだからこそ、カリフ国は商工業を繁栄させ、高度の文明を享受したのである。カリフ国崩壊後のタイファ王国時代はさらに寛容であった。人種を問わず、宗教を問わず、才能ある者が重用された時代である。

このような開かれたイベリア半島の風土と伝統は、死に絶えたように思える時代があったにしても、地中深くの水脈のように絶えることはない。本質的にスペイン人は他民族に寛容であり、人種的偏見の希薄な民族である。今日のスペインは反ユダヤ・反イスラームの国かと問われれば、否と答えることができる。フランスを主として欧米社会は、歴史的に強いムスリム嫌い（イスラモフォビア）・ユダヤ嫌い（反セミティズム）の社会である。トルコがEUへの加入を求めた時、EUは「EUはキリスト教国の共同体組織である」との理由によって、トルコの申し入れを拒否した。世俗化（脱宗教）したと自負するヨーロッパがこのようなことを言ったのである。

このスペインとの違いはどこから生じたのかずっと自問してきた。スペインを除く欧米のムスリム嫌いは、オスマン・トルコとの関係から生じたのではなかろうか。オスマン・トルコは一四五三年にコンスタンティノープルを陥落させ、一五二九年秋ウィーンを包囲し、ヨーロッパ中を震憾させた。その後オスマン・トルコは徐々に衰退に向かったが、ヨーロッパとは確執を持ち続けた。その結果、反トルコ感情が反アラブ・反イスラーム感情へと変化してしまったのであろう。

他方スペインは地中海の西の果てに存在するため、オスマン・トルコとは直接対立することは歴史上なかった。レパント沖海戦（一五七一年）を持ち出す人がいるかもしれない。しかしこの海戦はスペインが司令長官ドン・ファン・デ・アウストリア率いる主力艦隊を出した戦いとはいえ、教皇の度重なる懇望黙《も》だし難く応じたに過ぎない。東地中海はスペインとは何の利害関係もない海であり、オスマン・トルコと一戦交える理由もない。歴史上スペインがトルコを脅威と感じたことがなかったうえ、中世におけるイスラーム文明の偉大さは国民の間で認識されてもいた。筆者が留学していた七〇年前後の時代では、アラブ人の多くが文化協定を結んでいたスペインの大学の医学部に学んでいた。一般のスペイン人もこれらアラブ人に少しも悪感情をもっていなかったし、かれらは頭がいいとすら言う人もいたほどである。イスラーム支配のイベリア半島について学校で学ぶ上、その遺跡を身近に見る機会に恵まれたスペイン人はかつてのイスラーム文明の偉大さを自然と会得して、むしろ親ムスリムとなっていったのであろう。

ユダヤ人に対する悪感情もない。フランス人にはユダヤ人の悪口を言う人がいるのに対し、スペインではそんな人は見たこともない。ひとつには、中世後期から近世初期にかけてのユダヤ人迫害と追放が間違った行為であったと今日では学校で教えられているからであろう。教科書でこのような直接的記述は見られないが、一四九二年の追放についての説明において、ユダヤ人への同情が紙背から伝わってくる。もうひとつは、西ヨーロッパ諸国のように、著名なユダヤ教徒家門が存在したり、活躍していないことであろう。その結果ユダヤ人に対する過剰な意識がなくなっているのである。

以上のように、スペインは中世後期のおぞましい事件を内省し、二〇世紀においては再び人種的・宗教的偏見の少ない社会へとなっていった。二一世紀になり北アフリカから難民が流入するという、困難な事態に直面している。どのように対応するか、再び人種・宗教問題が問われようとしている。

参考文献一覧

和　書

余部福三『アラブとしてのスペイン――アンダルシアの古都めぐり』、東京：第三書館、一九九二年。

石原忠佳・新開正『ベルベル人とベルベル語文法――民族・文化・言語　知られざるベルベル人の全貌』、東京：新風舎、二〇〇六年。

伊東俊太郎『十二世紀ルネサンス――西欧世界へのアラビア文明の影響』、東京：岩波書店、一九九三年。

イブン・ジュバイル（藤本勝次・池田修監訳）『イブン・ジュバイルの旅行記』、東京：講談社、二〇〇九年。

ヴァルテール、アンリエット（平野和彦訳）『西欧言語の歴史』、東京：藤原書店、二〇〇六年。

ヴェルジェ、ジャック（野口洋二訳）『入門　十二世紀ルネサンス』、東京：創文社、二〇〇一年。

ヴォルフ、フィリップ（渡邊昌美訳）『ヨーロッパの知的覚醒――中世知識人群像』東京：白水社、二〇〇〇年。

臼杵陽『イスラームはなぜ敵とされたのか――憎悪の系譜学』、東京：青土社、二〇〇九年。

クリュックシャンク、ダン編（飯田喜四郎監訳）『世界建築の歴史　大事典』、西村書店、二〇一二年。

小杉泰・林佳世子編『イスラーム　書物の歴史』、名古屋：名古屋大学出版会、二〇一四年。

佐藤達生『西洋建築の歴史』（図説）、東京：河出書房、二〇一四年（初版二〇〇五年）。

塩野七生『皇帝フリードリッヒ二世の生涯』上・下、東京：新潮社、二〇一三年。

芝修身『真説レコンキスタ――〈イスラームvsキリスト教〉史観をこえて』、東京：書肆心水、二〇〇七年。

芝紘子『スペインの社会・家族・心性――中世盛期に源をもとめて』、京都：ミネルヴァ書房、二〇〇一年。

ジャウメ一世（尾崎明夫、ビセント・バイダル訳）『征服王ジャウメ一世勲功録――レコンキスタ軍記を読む』、京都：京都大学学術出版会、二〇一〇年。

高山博『神秘の中世王国――ヨーロッパ、ビザンツ、イスラム文化の十字路』、東京：東京大学出版会、一九九五年。

チュエッカ、F．（鳥居徳敏訳）『スペイン建築の特質』、東京：鹿島出版会、一九九一年。

デイヴィス、ノーマン（別宮貞徳訳）『ヨーロッパ　II　中世』、東京：共同通信社、二〇〇〇年。

デュフルク、ch．E．（芝修身・芝紘子訳）『イスラーム治下のヨーロッパ――衝突と共存の歴史』、東京：藤原書店、一九九七年。

ハスキンズ、C．H．（別宮貞徳・朝倉文市訳）『十二世紀ルネサンス』、東京：みすず書房、一九九七年（初版一九八九年）。

ハティビ、アブデルケビール（沢田直編訳・福田育弘訳）『マグレブ　複数文化のトポス――ハティビ評論集』、東京：青土社、二〇〇四年。

ハミルトン・モーガン、マイケル（北沢方邦訳）『失われた歴史――イスラームの科学・思想・芸術が近代文明をつくった』、東京：平凡社、二〇一〇年。

深沢克己・高山博編『信仰と他者――寛容と不寛容のヨーロッパ宗教社会史』、東京：東京大学出版会、二〇〇六年。

ラスカム、デイヴィッド（鶴島博和訳、吉武憲司・平田耀子・将基面貴巳編）『十二世紀ルネサンス』、東京：慶應義塾大学出版会、二〇〇〇年。

ラペサ、ラファエル（山田善郎監修、中岡省二・三好準之助訳）『スペイン語の歴史』、京都：昭和堂、二〇〇四年。

ルゴフ、ジャック（柏木英彦・三上朝造訳）『中世の知識人――アベラールからエラスムスへ』、東京：岩波書店、一九七七年。

ロマックス、D．W．（林邦夫訳）『レコンキスタ——中世スペインの国土回復運動』、東京：刀水書房、一九九六年。

洋書

1 年代記・原史料

Alfonso X (ed. W. Mettamann), *Cantigas de Santa María*, 3 vols., Madrid: Castalia, 1986-1989.
Alfonso X (ed. J. Filgueira Valverde), *Cantigas de Santa María*, Madrid: Odres Nuevos, 1985.
Alfonso X (ed. R. Menéndez Pidal), *Estoria de España, o Primera Crónica General*, 2 vols., Madrid: Gredos, 1955.
Chronica Adefonsi Imperatoris, (ed. Antonio Maya Sánchez), E. Falque, J. Gil, J. et A. Maya (eds.), *Chroinca Hispana Saeculi XII*, Tvrnholti, 1990.
Cortes de los antiguos reinos de León y Castilla, 2 vols. Madrid: Academia de la Historia, 1861.
Crónica anónima de los reyes de Taifas (Introducción, traducción y notas por Felipe Maíllo Salgado), Madrid: Ediciones Akal, 1991.
Crónica latina de los Reyes de Castilla (Introducción, texto crítico, traducción, notas e índices de Luis Charlo Brea), Cádiz: Universidad de Cádiz, 1984.
Crónica del rey Don Alfonso Décimo, C. Rosell (ed.), *Crónicas de los reyes de Castilla, I*, Madrid,1953, pp. 1-66.
Galib, Ibn, *Katab Farhat al-Anfus*. Fragmento editado por el hispanista Lufti Abd al-Badi (trad. española con el

título de "Una descripción de España de Ibn Galib", *Anuario de Filología*, I, 1975, pp. 369-384.

García Luján, J. A., *Privilegios reales de la Catedral de Toledo (1086-1462): formación del patrimonio de la S. J. C. P. a través de las donaciones reales*, (s.l.) (s. n.), 1982.

González, C. (ed.), *Libro del caballero Zifar*, Madrid: Cátedra, 1983.

González Jiménez, M. (ed.), *Diplomatario andaluz de Alfonso X*, Sevilla: Fund. El monte, 1991.

González Palencia, A., *Los mozárabes de Toledo en los siglos XII y XIII*, 3 vols Madrid: Instituto de Valencia de don Juan, 1922.

Ibn Abi Zar, Rawd al-Qirtas, 2 vols. Valencia: Anubar, 1964 (2ª ed.).

Ibn Hayyan, a*l-Muqtabis*. *Crónica del Califa Abderrahmán III*, Zaragoza: Instituto Hispano-Árabe, 1981.

Idrîsî, *La premièr géographie de l'Occident*, Paris : GF Flammarion, 1999.

Izquierdo Benito, Ricardo, *Privilegios reales otorgados a Toledo durante la Edad Media (1101-1494)*, Toledo: Instituto Provincial de Investigaciones y Estudios Toledanos, 1990.

Jaldun, Ibn, *Katab al-Ibar* (trad. española con el título de "Historia de los árabes de España por Ibn Jaldun", *Cuadernos de Historia de España*, IV-VI, 1946; VII-IX, 1947; XXXIII-XXXIV, 1961; XLV-XLVI, 1967; XLVII-XLVIII, 1968.

Jiménez de Rada, Rodrigo, *Historia de los hechos de España* (Introducción, traducción, notas e índices de Juan Fernández Valverde), Madrid, 1989.

Loaysa, Jofré de, *Crónica de los reyes de Castilla Fernando III, Alfonso X, Sancho OV y Fernando IV (1248-1305)* (Edición, traducción, introdución y notas de Antonio García Martínez), Murcia: Academia Alfonso X el Sabio,

1982.

Las Siete Partidas del Rey Don Alfonso el Sabio, cotejadas con varios códices antiguos por la Real Academia de la Historia, tomo 1-3, Madrid: Ediciones Atlas, 1972.

Maimónides, *Guía de perplejos o descarriados* (trad. española), Barcelona: Ediciones Obelisco, 2010.

Martín-Cleto, Julio Porres, *Los anales toledanos.* I y II, Toledo: Instituto Provincial de Investigaciones y Estudios Toledanos, 1933.

Muñoz y Romero, Tomás, *Colección de fueros municipales y cartas pueblas de los reinos de Castilla, León, Corona de Aragón y Navarra,* Tomo I, Valladolid: Lex-Nova, 1977.

Quzman, Ibn, *Obras* (trad. española con el título de «*Todo Ben Quzman*», 3 vols., Madrid, 1972.

Tuy, Lucas de, *Chronicon mundi,* hacia 1236 (texto romanceado, *Crónica de España,* Madrid: Real Academia de la Historia, 1926).

2 研究書

Actas. *I Simposio Internacional de Mudejarismo,* Madrid, Teruel: Consejo Superior de Investigaciones Científicas, Diputación Provincial de Teruel, 1981.

Actas. *Simposio Internacional de Mudejarismo. Mudéjares y moriscos. Cambios sociales y culturales,* Teruel: Centro de Estudios Mudájares, 2004.

Adrián Olstein, Diego, *La era mozárabe. Los mozárabes de Toledo (siglos XII y XIII) en la historiografía, las fuentes y la historia,* Salamanca: Ediciones Universidad, 2006.

Aillet, Cyrille, *Les Mozarabes. Chrisianisme, islamisation et arabisation en Pénisule Ibérique (IXe-XIIe siècle)*, Madrid : Casa de Velázquez, 2010.

Andalucía entre Oriente y Occidente (1236-1492). Actas del V Coloquio de Historia Medieval de Andalucía, Córdoba: Diputación Provincial de Córdoba, 1988.

Arié, R., "Le costume des musulmans de Castille au XIIIe siècle d'après les miniatures du Libro del ajedrez", *Mélanges de las Casas de Velázquez*, Année 1966, Volume 2, Número 1, pp. 59-69.

Arié, R., *España musulmana (siglos VIII-XV)*, M. Tuñón de Lara (dir.), *Historia de España III*, Madrid : Labor, 1984.

Ashtor, E., The Jews of Moslem Spain, 3 vols., Philadelphia: The Jewish Publication Society of America, 1973-1984.

Atienza, J. G., *Guía judía de España*, Madrid: Altalena, 1978.

Ayala Martínez, Carlos de, Buresi, Pascal, y Josserand, Philippe (comps.), *Identidad y representación de la fronteraen la España medieval (siglos XI-XIV)*, Madrid: Casa de Velázquez, Universidad Autónoma de Madrid, 2001.

Baer, Y., *A History of the Jews in Christian Spain*, 2 vols., Philadelphia: The Jewish Publication Society of America, 1966.

Bagby, A., "The Jew in the Cantigas of Alfonso X el Sabio", *Speculum*, 46, 1971, pp. 670-688.

Barkai, R., *El enemigo en el espejo. Cristianos y musulmanes en la España medieval*, Madrid: Ediciones Rialp, 2007 (3ª ed.).

Barkai, R., "Significado de las aportaciones de los judíos en el terreno de la medicina, la astrología y la magia", Sáenz-Badillos, A. (ed.), *Judíos entre árabes y cristianos: luces y sombras de una convivencia*, Córdoba: El

Almendro 2000, pp. pp. 75-85.

Benito Ruano, E., "Convivencia de judíos y cristianos en la Edad Media: el problema de los conversos", Sáenz-Badillos, A. (ed.), *Judíos entre árabes y cristianos: luces y sombras de una convivencia,* Córdoba: El Almendro, 2000, pp. 133-144.

Benito Ruano, E., Convivencia, Enhancing Identity through Encounter Between Jews, Christians and Muslims", *From the Martin Buber House,* 29, 2001.

Benito Ruano, E., *Los orígenes del problema converso,* Madrid: Real Academia de la Historia, 2001.

Benito Ruano, E., *Tópicos y realidades de la Edad Media,* II y III, Madrid: Real Academia de Historia, 2002 y 2004.

Bensoussan, David, *L'Espagne des trois religions. Grandeur et décadence de la convivencia,* Paris : L'Harmattan, 2007.

Bresc, Henri, Guichard, Pierre, y Mantran, Robert, *Europa y el Islam en la Edad Media,* Barcelona: Crítica, 2001.

Bretaño Fernández-Prieto, "Aportación del Fuero castellano y del Fuero Juzgo en la formación del Fuero de Toledo", *Anales Toledanos* XVI, 1983, pp. 7-35.

Buresi, Pascal, *La Frontière entre chrétienté et Islam dans la pénisule Ibérique. Du Tage à la Sierra Morena (fin Xie-milieu XIIIe siècle),* Paris : Publibook, 2004.

Burns, Robert I., *The Crusader Kingdom of Valencia: Reconstruction on a Thirteenth-Century Frontier,* 2 vols, Harvard University Press, 1967.

Burns, Robert I, *Moors and Crusaders: Colonial Survival in the Thirteenth-Century Kingdom of Valencia,* Princeton University Press. 1973.

Burns, Robert I., Muslims, Christians, and Jews in Crusader Kingdom of Valencia: Societies in Symbiosis, Cambridge: Cambridge University Press, 1984.

Burns, Robert I., "Minorities in Medieval Spain: The Legal Status of Jews and Muslims in the *Siete Partidas*", *Kentucky Romance Quarterly*, 33, 1986, pp. 375-287.

Burns, Robert I., S. J., (ed.), *Emperor of Culture. Alfonso X the Learned of Castile and His Thirteenth-Century Renaissance*, Philadelphia: University of Pennsylvania Press, 1990.

Busby, K., & Kooper, E. (eds.), *Courtly Literature: Culture and Context*, Amsterdam: Benjamins, 1990.

Cágigas, I. De las, Minorías étnico-religiosas de la Edad Media. I: Los mozárabes, Madrid:CSIC,1947.

Cano, Pedro Damián, *Al-Andalus. El Islam y los pueblos ibéricos*, Madrid: Sílex Ediciones, 2004.

Cantarino, V., *Entre monjes y musulmanes. El conflicto que fue España*, Madrid: Alhambra, 1978.

Cantera Burgos, C., Sinagogas españolas, con especial estudio de la de Córdoba y la toledana de El Tránsito, Madrid: CSIC, Instituto Arias Montano, 1955.

Cardaillac, L., *Morisques et Chrétiens: Un affrontement polèmique(1492-1640)*, Paris: Klincksieck, 1977.

Cardaillac, Louis (dir.), *Toledo, siglos XII-XIII. Musulmanes, cristianos y judíos: la sabiduría y la tolerancia*, Madrid: Alianza Editorial, 1992.

Cárdenas, A., "A Study of Alfonso's Role in Selected Cantigas and the Castilian Prosifications of Escorial Codex T.I.I.", J. Katz (ed.), *Exclusiveness and Tolerance: Studies in Jewish-Gentil Relations in Medieval and Modern Times*, Oxford: Oxford University Press, 1961, pp. 253-268.

Carpenter, D. E., *Alfonso X and the Jews: An Edition and Commentary on Siete Partidas 7.24 "De los judíos"*,

Berkeley: University of California, 1986.

Carpenter, D. E., "Tolerance and Intoleranca: Alfonso X's Attitude Towards the Synagogue as Reflected in the *Siete Partidas*", *Kentucky Romance Quarterly*, 31, 1984, pp. 31-39.

Carpenter, D. E., "Minorities in Medieval Spain: The Legal Status of Jews and Muslims in the *Siete Partidas*", *Romance Quarterly*, 33, 1986, pp. 275-287.

CarrascoManchado, Ana Isabel, *De laconvivencia a la exclusión. Imágenes legislativas de mudéjares y moriscos. Siglos XIII-XVII*, Madrid: Silex Ediciones, 2012.

Carrobles Santos, Jesús, Izquierdo Benito, Ricardo, Martínez Gil, Fernando, Rodríguez de Gracia, Hilario, y Cerro Malagón, Rafael del, *Historia de Toledo*, Toledo: Librería Universitaria de Toledo, 1997.

Chalmeta Gendrón, Pedro, *El "señor del zoco" en España: edades media y moderna, contribución al estudio de la histori del mercado*, Madrid: Consejo Superior de Investigaciones Científicas, 1973.

Chalmeta Gendrón, Pedro, *Invasión e Islamización*, Madrid: Mapfre, 1994.

Chejne, A. F., *Historia de la España musulmana*, Madrid: Cátedra, 1980.

Cohen, J., *The Friars and the Jews: Evolution of Medieval Anti-Judaism*, Ithaca: Cornell University Press, 1982.

Collantes de Terán Sánchez, A., "La difícil convivencia de cristianos, judíos y mudéjares", Santana Falcón Isabel, *De la muerte en Sefarad: la excavación arqueológica en la nueva cede de la Diputación de Sevilla*, Sevilla: Diputación de Sevilla, 1995, pp. 55-66.

Collins, Roger and Goodman, Anthony (eds.), *Medieval Spain. Culture, Conflict and Coexistence*, London: Palgrave Macmillan, 2002.

Colomina Forner, Jaime, "Los textos litúrgicos trinitarios y la identidad del pueblo mozarabe en a historia", *Anales Toledanos,* XXXVII(1999).

Corfis, Ivy A. (ed.), *Al-Andalus, Sepharad and Medieval Iberia. Cultural Contact and Diffusion,* Leiden, Boston: Brill, 2009.

Cressier, Patrice, Fierro, Maribel, y Molina, Luis (eds.), *Los Almohades: Problemas y perspectivas,* I y II, Madrid: CSIC, 2006.

Criado de Val, Manuel, *Teoría de Castilla La Nueva. La dualidad castellana en la lengua,* la literatura y la historia, Madrid: Editorial Gredos, 1969.

Criado de Val, Manuel, *Historia de Hita y su Arcipreste: vida y muerte de una villa mozárabe,* Madrid: Editora Nacional, 1976.

Cruz Hernández, M., *Historia del pensamiento en el mundo islámico,* 2 vols, Madrid: Alianza Editorial, 1981.

D'Alverny, M. T., "Marc de Tolède", *Estusios sobre Alfonso VI y la reconquista de Toledo: Actas del II Congreso Internacional de Estudios Mozárabes,* vol. III, Toledo, 1986-1992, pp. 29-59.

Deyermond, Alan, *Historia y crítica de la literatura española,* Vol. I: Edad Media, Barcelona: Crítica, 1980.

Díaz Esteban, F., "Aspectos de la convivencia jurídica desde el puto de vista judío en la España medieval", *Congreso Internacional, "Encuentro de las Tres Culturas",* 2, 1983, Toledo: Ayuntamiento de Toledo, pp. 105-116.

Dozy, R. P., *Historia de los musulmanes de España,* tomo I-IV, Madrid: Ediciones Turner, 1982.

Echevarría Arsuaga, Ana, *Caballeros en la frontera. La Guardia morisca de los reyes de Castilla (1410-1467),* Madrid: Universidad Nacional de Educación a Distancia, 2006.

Estudios sobre Alfonso VI y la reconquista de Toledo. Actas del II Congreso Internacional de Estudios Mozárabes, tomo I y II, Toledo: Instituto de Estudios Visigótico-Mozárabes, 1987.

Fernández y González, F., Estado social y político de los mudéjares de Castilla, Madrid: Hiperión, 1985.

Ferreiro, A. (ed.), *The Devil, Heresy, and Witchcraft in the Middle Ages: Essays in Honor of Jeffrey B. Russell,* Leiden: Brill, 1998.

Fierro, Maribel, y García Fitz, Francisco (eds.), *El Cuerpo derrotado: Cómo trataban musulmanes y cristianos a los enemigos vencidos (Península Ibérica, ss. VIII-XIII),* Madrid: CSIC, 2008.

Fletcher, Ricard, *La Cruz y la Media Luna. Las dramáticas relaciones entre el cristianismo y el islam desde Mahoma hasta Isabel la Católica* (trad. española), Barcelona: Península, 2002.

Frutos Cuchilleros, Juan Carlos, "Alquitectura mudéjar en el partido judicial de Arévalo (Avila)", *Actas del I Simposio Internacional de Mudejarismo,* Madrid: CSIC, Teruel, 1981, pp. 417-425.

Fuente, María Jesús, *Identidad y convivencia. Musulmanas y judías en la España medieval,* Madrid: Ediciones Polifemo, 2010.

Galmés de Fuentes, Alvaro, "Alfonso el Sabio ya la creación de la prosa literaria castellana", *Estudios alfonsíes. Lexicografía, estética y política de Alfonso el Sabio,* Granada, 1985.

Galmés de Fuentes, Alvaro, "Influencieas sintácticas y estilísticas del árabe en la prosa medieval castellana", *Boletín de la Real Academia Española,* 35, 1955, pp. 213-275.

García-Arenal, M., "Los moros en las Cantigas de Alfonso X el Sabio", *Al-Qantara,* VI, 1985, pp. 133-151.

García-Arenal, M., "Cristianos, moros y judíos en la época de Alfonso X", *Alfonso X,* Toledo: Dirección General de

Bellas Artes y Archivos Toledo, 1984, pp. 31-47.

García Fitz, Francisco, *Relaciones políticas y guerra. La experiencia castellano-leonesa frente al Islam. Siglos XI-XIII*, Sevilla: Universidad de Sevilla, 2002.

García Fitz, F., *La Edad Media. Guerra e ideología. Justificaciones religiosas y jurídicas*, Madrid: Sílex Ediciones, 2003.

García Gallo, A., "La obra legislativa de Alfonso X. Hechos e hipótesis", *Anuario de Historia del Derecho Español*, LIV, 1984, pp. 97-161.

García Sanjuan, Alejandro (ed.), *Tolerancia y convivencia étnico-religiosa en la Península Ibérica durante la Edad Media. III Jornadas de Cultura Islámica*, Huelva: Universidad de Huelva, 2003.

Gautier Dalché, Jean, *Historia urbana de León y Castilla en la Edad Media (siglos IX-XIII)*, Madrid : Siglo Veintiuno Editores, 1979.

Gil, J. S., *La escuela de traductores de Toledo y los colaboradores judíos*, Toledo: Diputación Provaincial, 1985.

Glick, Thomas. F., *Islamic and Christian Spain in the Early Middle Ages: Comparative Perspectives on Social and Cultural Formation*, Princeton University Press, 1979.

Glick, Th. F. & Pi-Sunyer, O., "Acculturation as an Explanatory Concept in Spanish History", *Comparative Studies in Society and History*, n. 11, 1969, pp. 136-154.

Glick, Th. F., *Paisajes de conquista. Cambio cultural y geográfico en la España medieval*, Valencia: Universitat dde València, 2007.

González Jiménez, Manuel, *Alfonso X El Sabio, 1252-1284*, Palencia: Editorial La Olmeda, 1993.

González Jiménez, Manuel, *Alfonso X El Sabio*, Barcelona: Editorial Ariel, 2004.

González Jiménez, M., y Río Martín, J. Del (eds.), *Los mozárabes: una minoría olvidada*, Sevilla: Fundación El Monte, 1998.

Glick, T. F., "The Acculturation as an Explanatory Concept of Spanish History", *Comparative Studies in Society and History*, 11, 1969, pp. 136-154.

Goitein, S. D., *A Mediterranean Society. The Jewish Communities of the Arab world as Portrayed in the Documents of the Cairo Geniza*, Volume IV: *Daily Life*, Berkeley, Los Angeles, London: University of California Press, 1983.

González Jiménez, M., y Río Martín, J. del (eds.), *Los Mozárabes: Una minoría olvidada*, Sevilla: Fundación El Monte, 1998.

Grassotti, H., "Los mozárabes en el norte cristiano como proyección de la cultura hispanogoda", *Cuadernos de Historia de España*, 33-34, 1961, pp. 336-344.

Greus, Jesús, *Así vivían en Al-Andalus*, Madrid: Anaya, 1988.

Guichard, Pierre, *Structures sociales "orientales" et "occidentales" dans l'Espagne musulmane*, Paris: La Haya, Ëcole des Hautes Études en Siences Sociales, 1977.

Guichard, P., *De la Expansión árabe a la Reconquista: esplendedor y fragilidad de al-Andalus*, Granada: Junta de Andalucía, Fundación El legado andalusí, 2000.

Hatton, V. & Mackay, A., "Anti-Semitism in the *Cantigas de Santa María*", *Bulletin of Hispanic Studies*, 61, 1983, pp. 189-199.

Haywood, Louise M. and Vasvári, Louise O. (eds.), *A Companion to the Libro de Buen Amor,* Woodbridge: Tamesis, 2004.

Hernández, F. J., "Los mozárabes del siglo XII en la ciudad y la iglesia de Toledo", *Toletum,* 16, 1985, pp. 57-124.

Hernández, F. J., "Language and cultural identity: The Mozarabs of Toledo", *Boletín Burriel,* I, 1989, pp. 29-48.

Hillgarth, J. N., *The Spanish Kingdoms, 1250-1516,* 2 vols., Oxford: Clarendon Press, 1978.

Hinojosa Montalvo, Jose, *Los mudejares. La voz del Islam en la España cristiana, I: estudios, II: Documentos,* Teruel: Centro de Estudios Mudejares, 2002.

Hitchcock, Richard, *Mozarabs in Medieval and Early Modern Spain. Identities and Influences,* Hampshire: Ashgate, 2008.

Izquierdo Benito, Ricardo (coord.), *Castilla-La Mancha medieval,* Ciudad Real: Junta de Comunidades de Castilla-La Mancha, 2002.

Katz, J. & Keller, J. E. (eds.), *Commemoration of its 700th Anniversary Year-1981,* Madison: Seminary of Medieval Studies, 1987. *Studies on the Cantigas de santa María: Art, Music, and Poetry. Proceedings of the International Symposium on the Cantigas de Santa María of Alfonso X, el Sabio (1221.1284).*

Khadra Jayyusi, Salma (ed.), *The Legacy of Muslim Spain,* Vols. I and II, Leiden, New York, Köln: E. J. Brill, 1994.

Ladero Quesada, Miguel Angel, "Toledo en época de la frontera", *Anales de la Universidad de Alicante. Historia medieval,* N° 3, 1984, pp. 71-98.

Ladero Quesada, Miguel Angel, *Los mudéjares de Castilla y otros estudios de historia medieval andaluz,* Universidad de Granada,1989.

Laliena Corbera, Carlos, y Utrilla Utrilla, Juan F. (eds.), *De Toledo a Huesca. Sociedades medievales en transición a finales del siglo XI (1080-1100)*, Zaragoza: Institución «Fernando El Católico», 1998.

Linehan, Peter, *The Spanish Church and the Papacy in the Thirteenth Century*, Cambridge: Cambridge University Press, 1971.

Linehan, Peter, *History and the Historians of Medieval Spain*, Oxford: Clarendon Press, 1993.

López Álvarez, Ana María et al., *Guía de Toledo judío*, Toledo: Codex Ediciones, 1990.

López Estrada, Francisco (coord.), *Historia de España Menéndez Pidal. Tomo XI: La Cultura del románico, siglos XI al XIII*, Madrid: Espasa-Calpe, 1995.

Lopez Gomez, Óscal "Ideologia y dominación política en el siglo XI: AlfonsoVI, Imperator Toledanos", *Anales Toledanos*, XLI(2005).

Lorenzo Sanz, E. (coord.), *Proyección histórica de España en sus tres culturas - Castilla y León, América y el Mediterráneo*, 3 vols., Valladolid: Junta de Castilla y León, 1993 .

Lowney, Chris, *A Vanished World. Muslims, Christians, and Jews in Medieval Spain*, Oxford & New York: Oxford University Press, 2005.

MacKay, Angus, *Spain in the Middle Ages from Frontier to Empire, 1000-15000*, London & Basingstoke, MacMillan Press, 1977.

Maíllo Salgado, Felipe, "La Guerra santa según el derecho mâliki. Su preceptiva. Su influencia en el derecho de las comunidades cristianas del medievo hispano", *Stvdia Histórica. Historia Medieval*, vol. 1, nº 2, 1983, pp. 29-66.

Maíllo Salgado, Felipe (ed.), *España. Al-Ándalus. Sefarad: Síntesis y nuevas perspectivas*, Salamanca: Ediciones

Universidad de Salamanca, 1988.

Mann, V. B., Glick, Th. F., & Dodds, J. D., (eds.), *Convivencia: Jews, Muslims, and Christians in medieval Spain,* New York: G. Braziller, 1992.

Márquez Villanueva, F., *El concepto cultural alfonsí,* Madrid: Editorial Mapfre, 1994.

Márquez Villanueva, F., "El problema de los conversos: cuatro puntos cardinales", *Hispania Judaica,* IV, Barcelona: Puvil Editor, 1980, pp. 51-75.

Martínez Díez, Gonzalo, *Fernando III, 1217-1252,* Palencia: Editorial La Olmeda, 1993.

Martínez Díez, Gonzalo, *Alfonso VIII, 1158-1214,* Palencia: Editorial La Olmeda, 1995.

Menández Pidal, Ramón, *España, eslabón entre la cristiandad y el islam,* Madrid: Espasa Calpe, 1968.

Menéndez Pidal, R., *La España del Cid, Madrid,* Vols. I y II, Madrid: Espasa Calpe, 1969.

Menéndez Pidal, R., *Orígenes del español. Estado lingüístico de la Pennínsula Ibérica hasta el siglo XI,* Madrid: Espasa Calpe, 1972 (7ª ed.).

Menjot, Denis, *Dominar y controlar e Castilla en la Edad Media,* Málaga: Centro de la Diputación de Málaga, 2003.

Millás Vallicrosa, José María, vol. I: *Estudios sobre Historia de la ciencia española,* vol. II: *Nuevos estudios sobre Historia de la ciencia española,* Madrid, 1987.

Molénat, Jean-Pierre, "Quartiers et communautçes à Tolède (XII-XV siècles) ", *En la España Medieval,* N.° 12, 1989, pp. 163-189.

Molénat, J.-P., "L'Arabe à Tolède, du XIIe au XVIe siècle", *Al-Qántara,* XV, 1994, pp. 473-496.

Molénat, J.-P., "Le problème de la participation des notaires mozarabes de Tolède à l'oeuvre des traducteurs", *En la*

España Medieval, 18, 1995, pp. 39-60.

Molénat, J.-P., *Campagnes et monts de Tolede du XIIe au XVe siècle*, Madrid : Casa de Velázquez, 1997.

Molénat,J.-P., “La frontière linguistique, principalement à partir du cas de Tolède”, C. de Ayala Martínez, P. Buresi, y Ph. Josserand (comps.), *Identidad y representación de la fronteraen la España medieval (siglos XI-XIV)*, Madrid: Casa de Velázquez, Universidad Autónoma de Madrid, 2001, pp. 113-122.

Molénat, J.-P., Martínez Sopena, Pascual, Malpica Cuello, Antonio y otros, *Minorías y migraciones en la historia*. XV Jornadas de estudios históricos organizadas por el Departamento de historia medieval, moderna y contemporánea, Salamanca: Ediciones Universidad de Salamanca, 2003.

Montoya Martínez, J., “El ‘añadido’ castellano de T.J.1 o las mal llamadas ‘prosificaciones’”, *Anuario de Estudios Medievales*, 32.1, 2002.pp. 415-430.

Nieto Soria, J.-M., “Los judiós como conflicto jurisdiccional entre la Monarquía y la Iglesia en la Castilla de fines del siglo XIII: su casuística”, *II Encuentro Internacional de las Tres Culturas*, Toledo: Ayuntamiento de Toledo, 1985, pp. 243-252.

Olstein, Diego, “El péndulo mozárabe”, *Anales Toledanos*, XXXIX, 2003, pp. 37-77.

Ortiz de Zúñiga, Diego, *Anales eclesiásticos y seculares de la muy noble y muy leal Ciudad de Sevilla*, 1988 (1667).

Pastor de Togneri, Reyna, *Conflictos sociales y estancamiento económico en laEspaña medieval*, Barcelona: Ariel, 1973.

Pastor de Togneri, R., *Del Islam al cristianismo. En las fronteras de dos fomaciones económico-sociales*, Barcelona: Ediciones Península, 1975.

Pastor de Togneri, R., “Problemas de la asimilación de una minoría: los mozárabes de Toledo”, R. Pastor de Tongneri (ed.), *Conflictos sociales y estancamiento económico en la España medieval,* Barcelona: Ariel, 1980 (2ª ed.).

Pérez Higuera, M. T., Arquitectura mudéjar en Castilla y León, Valladolid: Junta de Castilla y León, 1993.

Powers, J. F., "Frontier Municipal Baths and Social Interaction in Thirteenth-Century Spain", *American Historical Review,* 84, 1979, pp. 649-667.

Ray, Jonathan, *La frontera sefardí. La reconquista y la comunidad judía en la España medieval* (trad. española), Madrid: Alianza Editorial, 2009.

Reilly, Bernard F., *Cristianos y musulmanes, 1031-1157,* Barcelona: Editorial Crítica, 1992.

Reilly, B. F., *The Kingdom of León-Castilla under King Alfonso VI, 1065-1109,* Princeton: Princeton University Press, 1988.

Rincón Álvarez, M., *Mozárabes y mozarabías,* Salamanca: Ediniones de la Universidad de Salamanca, 2003.

Rivera Recio, Juan Francisco, *La Iglesia de Toledo en el siglo XII (1086-1208),* I y II, Roma: Publicaciones «Rivera Recio, Juan Francisco»,, 1966-1976.

Rivera Recio, J. F., *Los Arzobispos de Toledo en la Baja Edad Media (s. XII-XV),* Toledo: Diputación Provincial, 1969.

Rivera Recio, J. F., Patrimonio y señorío de Santa María de Toledo desde el 1086 hasta el 1208, *Anales Toledanos,* IX, 1974, pp.

Rodríguez Barral, Paulino, *La Imágen del judío en la España medieval. El conflicto entre cristianismo y judaísmo en la artes visuales góticas, Bellaterra,* Barcelona, Girona, Lleida, Tarragona: Universitat Autònoma de Barcelona, etc., 2008.

Rodríguez Llopis, Miguel (coord.), *Alfonso y su época. El siglo de Rey Sabio,* Barcelona: Carrogio de Ediciones, 2001.

Rodríguez Molina, José, *La Vida de moros y cristianos en la frontera,* Alcalá La Real: Alcalá Grupo Editorial, 2007.

Rodríguez de la Peña, Manuel Alejandro (dir.), *Hacedores de Frontera. Estudios sobre el contexto social de la Frontera en la España medieval,* Madrid: CEU Ediciones, 2009.

Romano, D., "Alfonso X y los judíos. Problemática y propuestas de trabajo", *Anuario de Estudios Medievales,* 15, 1985, pp. 151-177.

Romero Saiz, Miguel, *Mudéjares y moriscos en Castilla-La Mancha. Aproximación a su estudio,* Cuenca: Ediciones Llanura, 2007.

Roth, N., "Two Jewish courtiers of Alfonso X called Zag (Isaac)", Sefarad, XLIII, 1, 1983, pp. 75-85.

Ruiz Gomez, Francisco, "Los hijos de Marta. Las órdenes militares y las tierras de La Mancha en el siglo XII", *Hispania* N^{0} 210(2002).

Russell, Josiah Cox, *Medieval Regions & Their Cities,* Indiana University Press, 1972.

Ryan, Michael A., "Slavery and identity in Mozarabic Toledo: 1201-1320", *Medievalia* 12, 1995, pp. 13-32.

Sáenz-Badillos, A. (ed.), *Judíos entre árabes y cristianos: luces y sombras de una convivencia,* Córdoba: Ediciones El Almendro, 2000.

Salvador Martínez, H., *La convivencia en la España del siglo XIII. Perspectivas alfonsíes,* Madrid: Ediciones Polifemo,

2006.

Sánchez Adalid, Jesús, *El Mozárabe*, Barcelona: Ediciones B, 2001.

Sánchez Albornoz, Claudio, *El drama de la formación de España y los españoles. Otra nueva aventura polémica*, Barcelona: Edhas, 1977.

Simonet, Francisco Javier, *Historia de los mozárabes de España deducida de los mejores y más auténticos testimonios de los escritores cristinos y árabes*, Madrid: Establecimiento tipográfico de la vuida e hijos de M. Tello, 1897-1903.

Simonet, F. J., *Historia de los mozárabes de España*, tomo I-IV, Madrid: Ediciones Turner, 1983.

Simposio *Toledo hispanoárabe*, Salamanca: Colegio Universitario de Toledo, 1986.

Takayama, Hiroshi, "The Administration of Roger I: The Foundation of the Norman Administrative System", *Ruggero I Gran Conde di Sicilia, 1101-2001: Atti del Congresso internazionale di studi per el IX Centenario*, Roma: Istituto Italiano dei Castelli, 2007, pp. 124-140.

Takayama, Hiroshi, "Religious Tolerance in Norman Sicily? The Case of Muslims", E. Cuozzo, V. Déroche, A. Peters-Custot & V. Prigent (éd.), *Puer Apuliae: Mélanges offerts à Jean-Marie Martin*, Paris : Centre de recherché d'histoire et civilization de Byzance, 2008, pp. 623-636.

Terés, Elías, "Sobre el nombre árabe de algunos ríos españoles", *Al-Andalus*, vol. XLI, 1976, pp. 409-443.

Tolan, John V., *Sarracenos. El Islam en la imaginación medieval europea* (trad. española), Valencia: Universitat de València, 2007.

Toro Ceballos, Francisco, y Rodríguez Molina, José (coords.), *Estudios de Frontera. Actividad y vida en la frontera,*

II, III, IV, y V, Jaén: Diputación Provincial de Jaén, 1998-2004.

Torres Balbás. L. “Plazas, zocos y tiendas de lasciudades hispanomusulmanas”, *Al-Ándalus,* 12, 1947, pp. 437-476.

Torres Balbás. L. “Estructura de las ciudades hispanomusulmanas: La medina, los arrabales y los barrios”, *Al-Ándalus,* 18, 1953, pp. 149-177.

Torres Balbás. L. “Mozárabías y juderías de las ciudades hispanomusulmanas”, *Al-Ándalus,* 19, 1954.

Valdeón Baruque, Julio, Los Judíos de Castilla y la revolución Trastámara, Valladolid: Ámbito Ediciones, 1968.

Valdeón Baruque, J., Judíos y conversos en la Castilla medieval, Valladolid: Ámbito Ediciones, 2000.

Valdeón Baruque, J., *El chivo expiatorio, Judiós , revueltas y vida cotidiana en la Edad Media,* Valladolid: Ámbito Eidciones, 2000.

Valdeón Baruque, J. (ed.), *Cristianos, musulmanes y judíos en la España medieval. De la aceptación al rechazo,* Valladolid: Ámbito Ediciones, 2004.

Vernet, Juan, *La cultura hispanoçarabe en Oriente y Occidente,* Barcelona, Caracas, México: Editorial Ariel, 1978.

Viguera, María Jesús, “Partición de herencia entre una familia mudéjar de Medinaceli”, *Al-Qántara,* vol.3, 1982, pp. 73-133.

Wasserstein, D., The Rise and Fall of the Party-King: Politics and Society in Islamic Spain 1002-1086, Princeton: Princeton University Press, 1985.

Wolffe, John (ed.), *Religion in History. Conflict, conversion and Coexistence,* Manchester: Manchester University Press, 2004.

関連年表 （西暦年……事項）

スペイン・キリスト教国

七一一……西ゴート王国の崩壊

七二二……伝説によれば、初代アストゥリアス国王ペラヨの軍が初めてイスラーム軍をコバドンガで破る

アンダルス・イスラーム世界

七一一……タンジール総督ターリク、軍を率いヒブラルタル海峡を渡り、グアダレーテ河畔で西ゴート王ロドリゴの軍を破る。この戦いでロドリゴは死亡

七一九……イスラーム軍、ナルボンヌを占領

七四九……アブー・アルアッバース、アッバース朝の初代カリフに就任

七五〇……ウマイヤ朝のマルワーン二世殺され、アッバース朝正式に成立（～一二五八）

ヨーロッパ

七二六……ビザンツ皇帝レオン三世、聖像禁止令を発布

七三二……カール・マルテル、トゥール・ポワティエ間の戦いでイスラーム軍を破り、イスラームのガリア侵略を阻止

七四七……ボニファティウス、教会会議を開催。司教の職務・権限、教会会議、ローマ教皇との関係を制度化

七五一……メロヴィング朝滅亡。ピピン三世が即位し、カロリング朝を創始

七六一頃……アルフォンソ二世、オビエドに宮廷をおく

八〇一……フランク王国、バルセロナを征服し、イスパニア辺境領を創設

八二〇～八三〇……イニゴ・アリスタ、カロリング朝アキテーヌ王国から独立し、ナバラ王国を建国

八五六……オルドーニョ一世、レオンを奪回し、入植を進める

七五六……アブド・アッラフマーン一世、コルドバに後ウマイヤ朝（～一〇三一）を樹立

七七八……アブド・アッラフマーン一世、国内に反乱分子を抱えながら、サラゴサ総督スライマーンとシャルルマーニュの結託に直面

七八六……コルドバで大メスキータ（大モスク）の建設開始

八四八……アブド・アッラフマーン二世、大メスキータの拡張工事開始、八五六年終了

七七一……シャルルマーニュ、全フランク王国の単独統治者となる

七七八……シャルルマーニュ、イスパニア遠征

七八七……ビザンツで第二回ニケーア公会議開催。聖像崇拝を是認

八〇〇……教皇レオ三世、シャルルマーニュを西ローマ皇帝として戴冠

八一二……ビザンツ皇帝、アーヘン和約によりシャルルマーニュの帝位を承認

八一四……シャルルマーニュ没。ルイ敬虔帝即位

八一五……ビザンツ皇帝レオン五世、聖像崇拝禁止令を復活

八四三……ヴェルダン条約により、フランク王国三分される。ビザンツで聖像崇拝許可され、聖像論争終了

八六六以降……アルフォンソ三世、ドゥエロ河流域への入植を推進

八七八……ビフレド伯、辺境領の諸伯領を統合し、バルセロナ伯領を建てる。フランク王国からの独立への第一歩が始まる

八八八……ビフレド伯、リポール修道院を創建

九一四……レオン王オルドーニョ二世、首都を山地から高原地帯のレオンに移す

九三九……レオン王国のラミロ二世、カスティーリャ伯フェルナン・ゴンサレスとナバラ王ガルシア・サンチェス一世の援軍をえて、シマンカスでアブド・アッラフマーン三世の軍を破る

九六一……フェルナン・ゴンサレス伯はレオン王国から独立し、カスティー

八八〇……ムラディ（ムワッラド・イスラームに改宗した元キリスト教徒）のイブン・ハフスーン、ボバストロ城に依って反乱をおこす

九〇九……チュニジアにファーティマ朝（～一一七一）成立

九一二……アブド・アッラフマーン三世即位

九二〇……アブド・アッラフマーン三世の軍、バルデフンケラでナバラ／レオン軍を破る

九二九……アブド・アッラフマーン三世、カリフを宣言し、後ウマイヤ朝の国家体制確立。イブン・ハフスーンの乱を鎮圧するとともに、バダホス、トレド、サラゴサなどの辺境の総督を支配下に入れる

九五一……モロッコのメリーリャ、セウタ、タンジールを征服

九六一……ハカム二世即位。文芸・芸術を支援し、数十万冊の蔵書をもつ

八七一……アルフレッド大王、ウェセックス王としてイングランド統治

九一〇……クリュニー修道院設立

九三六……ドイツ王オットー一世即位

九六二……オットー一世、ローマ皇帝

リャ王国への礎石を築く

一〇〇〇～三五……ナバラ王サンチョ大王、キリスト教諸国を統一し、「複数スペインの王」と称する

一〇一八……リポール修道院、オリバ院長のもとで文化的最盛期を迎える。アラビア語諸文献の翻訳をおこない、カタルーニャの将来の歴史的存在にむけて独自の文化的基盤を固める

一〇三五……サンチョ大王の死で王国はカスティーリャ、ナバラ、アラゴンに分裂

ラモン・ベレンゲル一世（バルセロナ伯）の治世開始

一〇三七……カスティーリャ王フェルナンド一世、レオン王国を併合し、カスティーリャ王国として統一

図書館を建設。大メスキータも拡張し、美麗にする

九八一……ヒシャーム二世の宰相マンスールは独裁的地位を確立。バルセロナ（九八五）、レオンとサアグン（九八八）、サンティアゴ・デ・コンポステラ（九九七）などに猛攻を仕掛ける

一〇〇二……マンスール、カスティーリャ遠征からの帰途、病のためメディナセリで死亡

一〇二七……後ウマイヤ朝崩壊し、アンダルス、タイファ（ターイファ・徒党王国）に分裂

一〇三八……トグリル・ベク、ニシャーブルでセルジューク朝（～一一九四）の建国を宣言

一〇四九……サラゴサのタイファ、アルハフェリア宮殿の建設を開始

の戴冠を受け、神聖ローマ帝国成立

九八七……カロリング朝断絶。カペー朝始まる

一〇四九……クリュニー修道院長にユーグ・ド・スミュール就任。クリュ

一〇五七……フェルナンド一世、レコンキスタを開始

一〇六四……一〇五〇年代にレコンキスタを開始したアラゴン王国、バルバストロ要塞都市をアンダルスから奪回

一〇六五……フェルナンド一世の死で、カスティーリャ・レオン・ガリシアの三王国に分割相続される

一〇六八……ラモン・ベレンゲル一世、「カタルーニャ慣習法典」の制定に着手。これによって同地方の法的・社会的性格を明確化

一〇七二……レオン王アルフォンソ六世が統一し、カスティーリャ王となる

一〇五五……トグリル・ベク、バグダード入城。スルタン制の成立

一〇五六……モロッコにムラービト朝成立。七一年に新都マラケシュを建設

一〇七六……ムラービト朝ガーナ王国

ニー最盛期

一〇五四……東西教会分裂

一〇六六……ノルマンディー公ギヨーム、イングランドに上陸。ヘースティングの戦いでギヨーム勝利し、ウィリアム一世としてイングランド王に即位

一〇七一……ノルマン人ルッジェーロ・グィスカルド、ビザンツ勢力を南イタリアから駆逐。ビザンツ、マラーズギルドの戦いでセルジュク朝に大敗を喫す

一〇七五……叙任権闘争始まる

一〇八五…アルフォンソ六世トレドを征服

一〇八六……アルフォンソ六世の軍隊、アルモラビデ（ムラービト）軍にサグラハス（ザラッカ）で大敗を喫す

一〇九四……エル・シード、バレンシアを征服

一〇九六…アラゴン王ペドロ一世、ウエスカを攻略

一一〇八……アルフォンソ六世の軍、ふたたびアルモラビデ軍にウクレスで敗れる

一一〇九……カスティーリャ女王ウラカとアラゴン王アルフォンソ戦闘王結婚、翌年離婚

一一一八……アルフォンソ戦闘王、サラゴサを奪回

一一二六……カスティーリャ王アルフォンソ七世の治世開始。ムラービト帝国の弱体化に乗じ、メセタ南部

を滅ぼす

一〇八六……アルモラビデ（ムラービト）、半島に上陸し、サグラハスでアルフォンソ六世の軍を大破

一一〇二……コルドバ、セビーリャなどに続き、バレンシアを攻略し、アンダルスをムラービト朝帝国に併合

一一一八……アルモラビデによるアンダルス統一はサラゴサの喪失をさかいに、瓦解に向かう

一一三〇……モロッコにムワッヒド朝（～一二六九）成立

一〇七七……カノッサの屈辱（皇帝ハインリヒ四世、教皇グレゴリウス七世に屈服）

一〇八八……ボローニャ大学創立（ヨーロッパ最古）

一〇九五……クレルモン公会議で教皇ウルバヌス二世、十字軍を宣言

一〇九六……第一回十字軍出発

一〇九八……シトー派修道院設立

一〇九九……十字軍、イェルサレム占領

一一二二……ヴォルムスの協約により叙任権闘争終了

一一三〇……ルッジェーロ二世、ナポリ・シチリア王国を建国

へ国境線を南下させる

一一三七……バルセロナ伯ラモン・ベレンゲル四世、アラゴン王ラミロ二世の王女ペトロニーラと結婚。これによってバルセロナ伯領とアラゴン王国の併合がなり、アラゴン連合王国が成立

一一四三……ポルトガル、カスティーリャ王国からの独立が承認される

一一四七……ポルトガル、イスラームからリスボンを奪回

一一四八／四九……ラモン・ベレンゲル四世、トルトサとレリダを回復

一一五七……カスティーリャ王国、ふたたびカスティーリャとレオンに分離

一一七〇……アラゴン、トルトサを奪還

一一七八頃……パレンシア大学創立

一一四七……アルモアーデ（ムワッヒド朝）、マラケシュ占拠後、同年セビーリャを攻略し、コルドバから当市へ首都を移す。コルドバ（四八年）、バダホス（五〇年）、グラナダ（五四年）などの有力タイファを順次降伏させ、再度アンダルスを統一

一一六九……サラディン、エジプトの実権を握り、アイユーブ朝（～一二五〇）を樹立

一一七四……サラディン、シリアに進出。アイユーブ朝のイエーメン支配（～十三世紀はじめ）

一一八七……ヒッティーンの戦い。サ

一一三七……シャンパーニュの大市、開催はじまる

一一三八……ドイツ・ホーエンシュタウフェン朝創始

一一四七……第二回十字軍。フランス王ルイ七世参加

一一五〇頃……パリ大学創立

一一六三……パリのノートル・ダム建設始まる（～一二五〇）

一一六七……オックスフォード大学創立

一一八八……レオン王国、都市代表を初めて参加させた最初のコルテスがレオン市で開催される
一一九五……カスティーリャのアルフォンソ八世の軍、アラルコスでアルモアーデの軍に敗れる
一二一二……アルフォンソ八世が指揮するキリスト教徒連合軍、アルモアーデの大軍をラス・ナバス・デ・トロサで撃破。以降北部キリスト教国とアンダルスの勢力関係は逆転
一二一八……サラマンカ大学創立
一二三〇……アラゴンのハイメ（ジャウメ）一世、マリョルカを征服
一二三〇……フェルナンド三世のもとで、カスティーリャとレオンは最終的に統一され、カスティーリャ王国

ラディン、十字軍を破り、八八年ぶりにイェルサレムを奪回
一一九三……サラディン、ダマスクスで没す
一一九五……アルモアーデ軍、アルフォンソ八世の軍をアラルコスで撃破。サラディンの活躍とかさなり、イスラーム世界の圧倒的勝利と受け止められる
一二一二……ムワッヒド帝国の大軍、ラス・ナバス・デ・トロサでキリスト教国連合軍に敗れ、ムワッヒド朝徐々に衰退に向かう
一二二八……チュニスにハフス朝（〜一五七四）成立

一一九〇……第三回十字軍。仏王フィリップ二世・英王リチャード一世参加
一一九八……教皇インノケンティウス三世即位。諸国家の内政問題に介入し、教皇権の優越性を主張
一二〇四……第四回十字軍、コンスタンティノープルを占領してラテン帝国を建国（〜一二六一）
一二〇六……ニケーア帝国建設
一二〇八……アルビジョワ十字軍始まる。インノケンティウス三世、南仏のカタリ派を攻撃
一二一五……ジョン王、マグナ・カルタに署名。第四回ラテラノ公会議開催

となる
一二三六……フェルナンド三世、コルドバ解放
一二三八……ハイメ一世バレンシア解放
一二四八……セビーリャ陥落。これによりグラナダを除くアンダルシア全土の再征服を完了し、事実上レコンキスタは終了
一二五二……アルフォンソ十世賢王の治世開始
一二六四……アンダルシアとムルシアでムスリムの大規模反乱
一二六六……ハイメ一世、ムルシアを奪回し、レコンキスタの領土配分を取り決めたカソーラ条約（一一七九年締結）に基づき、同地をカスティーリャに譲渡

一二三七……グラナダにナスル朝（～一四九二）成立
一二五〇……マムルーク朝成立。マムルーク軍、マンスラーの戦いでルイ九世の十字軍を破る
一二九九……オスマン帝国成立

一二四一……ワールシュタットの戦いで、ドイツ騎士団とポーランド連合軍、モンゴル軍に大敗
一二四八……ルイ九世、第六回十字軍に参加、エジプトに出港
一二五〇……ルイ九世、マンスーラの戦いで敗れ、捕虜となる
一二五四……独王コンラート四世没。神聖ローマ皇帝大空位時代始まる（～七三）
一二六一……ニケーア帝国、コンスタンティノープルを回復。ラテン帝国滅亡
一二七三……ハプスブルク家のルドルフ一世、独王に即位
一二八二……「シナリアの晩鐘」事件
一三〇九……教皇のバビロン捕囚

一三四八……『アルカラの布告』（法制の統一）

一三四八〜五〇……黒死病の蔓延

一三六六〜六九……ペドロ／エンリケ戦争

一三九一……ポグロムの発生

一四七五……カスティーリャ王国とアラゴン王国の合併によりスペイン王国成立

一四九二……カトリック両王、貢納国となっていたグラナダ王国を征服

一三七〇……ティムール朝成立

一四五三……オスマン軍、コンスタンティノープル占領

一四九二……グラナダ王国陥落

一三三九……英仏百年戦争の始まり

一三七八……教会の大分裂

一四九二……コロンブス、カトリック両王の援助を得て新大陸に到達

図版出所一覧

口絵

1 *Historia de España,* Espasa-Calpe, 1990, p. 210.

2 *Historia de España: Alta Edad Media, (siglos V-XII),* Océano-Instituto Gallach, 1993, p. 607.

3 *Ibid.*, p. 613.

4（上） *Historia de España,* Espasa-Calpe, 1997, p. 690.

4（下） *Guia del Toledo Judio,* Codex, 1990, p. 33.

5 *Guia de Toledo,* Nebrija, 1980, p.125

6 *Historia de España,* Planeta, 1989, p.466.

7（上） Menéndez Pidal de Navascués, F., *El libro de la cofradía de Santiago : caballería medieval burgalesa,* Madrid, 1996, p. 100.

7（下） *Historia de España,* 1990, p. 188.

8 *Guia de Toledo,* 1980, p. 23.

I 扉 Guichard, P., *De la Expansión Árabe a la Reconquista: esplendedor y fragilidad de al-Andalus,* El legado andalus, 2000, p. 146.

Ⅱ　扉　Aznar, F., *España medieval: Musulmanes, Judios y cristianos*, Anaya, 1990, p. 48 より作成。

図2－1　*Guia de Toledo*, 1980, p.19.

Ⅲ　扉　*Guia del Toledo Judio*, 1990, p. 88.

図3－1　*Historia de España*, 1989, p. 399.

Ⅳ　扉　*Historia de España*, 1990, p. 114.

図4－1　Guichard, *op. cit.*, p. 164.

Ⅴ　扉　*Libro de Castilla y León*, Unigraf S.A, 1986, p. 117

図5－1　*Guia de Toledo*, 1980, p. 63.

図5－2（上・下）　*Historia de España*, 1989, p.375.

図5－3　Aznar, *op. cit.*, p. 26.

図5－4　*Historia de España*, 1997, p. 135.

Ⅵ　扉　*Historia de España*, 1989, p. 399.

図6－1　*Historia de España*, 1997, p. 598.

図6－2　*Historia de España*, 1990, p. 189.

図6－3　*Ibid.*, p. 194.

図6－4　*Ibid.*, p. 128.

Ⅶ　扉　Vivian Mann, Thomas Glick, and Jerrilynn Dodds, *Convivencia : Jews, Muslims, and Christians in Medieval Spain*, George Braziller, 1992, p. 213.

あとがき

トレドは首都マドリーの南約七〇キロメートルのところにあり、世界遺産にも指定された、古代から存在する古い街である。北側は城壁によって、南側はタホ河によって取り囲まれ、四基の城門、いくつかの大きな塔、アルカンタラ橋とサン・マルティン橋の武装橋をもつ、カスティーリャ型の城塞都市である。中世以来の都市防衛の諸施設が完全に残され、タホ河の湾曲部分を利用した都市建設にまつわる諸要素を今日まで伝える、貴重な文化遺産である。城門のうちビサグラ門は、九世紀にイスラームによって建造され、往時の威容を偲ばせる。ビサグラという名称は、アラビア語のバーブ（門、城門）とサクラ（荒地）の合成語で、バーブ・サクラがビサグラになったとされる。イスラーム時代におけるトレドの、陸路から入城するときの正門であった。

しかしそれよりもっと魅力的なことは、この石灰質の岩の上に築かれた古都が、多彩な建造物と美術品を収蔵する、カスティーリャのアクロポリスの観を呈することだ。今日ではマドリーから日帰りで行けることもあって、人気のある観光都市のひとつとなっている最大の要因である。

筆者も研究でマドリーに行くたびに、研究所が閉鎖される土日には、しばしば路線バスを利用して訪れた、一入《ひとしお》愛着のある街である。ローマ時代以降の多様な文化遺産が重層的に存在するからである。石の産出しない地域であるので、建造物が日干し煉瓦や土で造られてきたので、年を経るうちに強い太陽光線にさらされ、劣化して原型をとどめなくなってしまったものも少なくない。一九三六年からの内戦によって破壊あるいは損傷してしまったものもある。財政上の余裕がないため、トレドだけではなく、多くの古い町や荒野に佇む城塞が崩壊の危機に晒されている光景を見るのは痛ましい。とはいえ、イスラーム時代の建造物やイスラーム様式・装飾を取り入れたシナゴーグ（会堂）とキリスト教教会が、小さな丘にこれほど蝟集している街はほかにない。訪れるごとに認識を新たにする。事実を知れば知るほど、細部にも目が届き、いっそう深く理解できるようになったことがうれしい。

トレドはまた巨匠ルイス・ブニュエルが「トリスターナ」（邦題：「哀しみのトリスターナ」）を撮った街でもある。ヒロインを演じた、若き日のカトリーヌ・ドゥヌーブの清楚な美貌とこの映画についてゼミで学生たちと話し合った昔を懐かしく想いだす。多様に解釈できる映画であるが、古典的なカスティーリャ社会の文化土壌を炙り出している。

このようにトレドは個人的にもことのほか愛着を抱く街である。スペイン農業経済史を専門にしながら、いつかトレドを書けないものかと心の隅で、願っていた。先般『真説レコンキスタ――〈イスラーム VS キリスト教〉史観をこえて』を上木《じょうぼく》した時、次は中世スペインを「共存」をライトモティーフにして書こうと決めた。しかし研究を進めるうちに、スペイン全体を取り上げることは、地方・時代ごとに様相が異なり複雑で、相当の歳月を要することがわかった。白秋をへて玄冬にさしかかる身にはとても無理だと判断した。そこで、櫛比《しっぴ》する家屋や坂の多い迷路のような街路をわが街のようにイメージでき、多彩な文化遺産を誇るトレドに絞って書くことにした。時代も中世盛期の一一世紀末から一三世紀末に限定した。奪回後のトレドが異教徒・異民族を多数抱え、大陸ヨーロッパの主要都市で例を見ない、共存の街であることを広く伝えようとした。

しかし対象をトレド市に限定したくはなかった。トレド市はイスラームのタイファ王国の広大な領土をそのまま継承したので、タホ河流域にはタラベラのような重要な町はもとより、数多くの小さな町や村が存在した。タラベラにも個人的な思い出がある。中世以来陶器の産地で名高いこの町で、一九七一年頃購った、水鳥を緑色で大きく描いた新作の陶器や今では入手不可能な古陶器を秘蔵しているからである。陶器と刀剣で名高いとはいえ、この地域はイスラーム時代にはタホ河の水を水車で汲み上げ、多様で豊かな農業が営まれた地であった。キリスト教徒支配となった中世後期から近世になってからは、イスラーム農業は衰退したが、重要な穀倉地帯へと変貌していった。タホ河の支流が幾筋も流れる、東北のグアダラハラ地方までも管轄領域におさめ、トレドを要《かなめ》とする新カスティーリャはスペイン王国社稷《しゃしょく》の地となっていった。フェリペ二世が新カスティーリャについて包括的な地誌報告を命じた事実に、この地の重要性が見て取れる。この広大な地方全体が共存の地なのである。本書でも随時このことに触れたが、本当はもっと詳しく述べ、属域のほうが異教徒間の交流が盛んであったことを示したかった。しかし出版不況の折、浩瀚な本は忌避されることから、残念ながら筆を控えなければならなかった。

しかし小著でも中世盛期におけるトレドの共存の有様を描くことはできたと思う。一般読者にも中世スペインが多様な文化の華咲いた地であることを認識してもらえるよう、易しい叙述を心掛けた。中世スペインは、長期のイスラームによる支配と領土奪還を目指すレコンキスタ推進の故に、他のヨーロッパ諸国とは大いに異なる歴史的展開をみた。この時代に、スペイン人、厳密にはカスティーリャ人の民族的性格も形成され、それが近世・近代における行動様式や政治哲学にも著しい影響を与えた。このように興趣に富む中世スペインにもっと関心が払われてしかるべきであるのに、スペインに関する書物は売れず、門前雀羅《じゃくら》を張る体だと言われる。本書によってスペインへの関心が少しでも高まることを願ってやまない。

最後に本書ができあがるまでに、御誘掖賜った方々に感謝の意を表したい。南山大学教授坂井信三さんには殊の外お世話になった。研究室を何回も訪れ、アラビア語の読みや意味を丁寧に教えてもらった。芝紘子とはさまざまなテーマについて議論し、理解を深めることができた。昭和堂の神戸真理子さんとは綿密に協議し、よい本に仕上がるよう助けてくださった。深く感謝いたします。

二〇一五年一二月

芝　修身

■ 著者紹介

芝　修身（しば・おさみ）

1939年、神戸市生まれ。神戸市外国語大学英米学科卒業。1969～74年、マドリー・コンプルテンセ大学留学。元南山大学外国語学部教授。スペイン農業経済史専攻。現在は異教徒間の関係を研究。著書に『ヨーロッパの展開における生活と経済』（共著、1989年、晃洋書房）、『近世スペイン農業――帝国の発展と衰退の分析』（2003年、昭和堂）、『真説　レコンキスタ――〈イスラームVSキリスト教〉史観をこえて』（2007年、書肆心水）、訳書に、ロペス＝ベルトラン『スペイン近世初期の売春』（共訳、1989年、晃洋書房）、Ch-E･デュフルク『イスラーム治下のヨーロッパ――衝突と共存の歴史』（共訳、1997年、藤原書店）がある。

古都トレド　異教徒・異民族共存の街

2016年2月1日　初版第1刷発行

著　者　芝　　修身

発行者　齊藤万壽子

〒606-8224　京都市左京区北白川京大農学部前
発行所　株式会社　昭和堂
振替口座　01060-5-9347
TEL（075）706-8818／FAX（075）706-8878

印刷　モリモト印刷
装丁　［TUNE］常松靖史

ISBN978-4-8122-1526-5
＊乱丁・落丁本はお取り替えいたします。
Printed in Japan

芝修身著
近世スペイン農業
――帝国の発展と衰退の分析
A5判・408頁・本体5700円＋税

美しい色彩を放つ自然と一度は世界を制した歴史を持つ国、スペイン。農業なくしてかの国は語れない。農業が国の隆盛にどのような影響をもたらしたのか。豊富なデータを元にスペインという国を解き明かす。

ドミンゲス・オルティス著／立石博高訳
スペイン三千年の歴史
A5判・464頁・本体6000円＋税

「多くの民族の母」たるスペイン像をドラマティックに描いた壮大な歴史書。劇的コントラストに満ちたスペインの過去は幾世紀にもおよぶ遺産を残してきた。現在EUの中のスペインの「未来」はこの「歴史」を知ることから始まる。

立石博高・関哲行・中川功・中塚次郎編
スペインの歴史
A5判・336頁・本体2300円＋税

「光と影の国」の素顔を知る――ヨーロッパ世界にあって独自の道のりを刻んできた、多言語・多文化の国スペイン。その歴史を、現在の研究成果に基づいて概観する、待望の入門書。

ラファエル・ラペサ著／山田善郎監訳
スペイン語の歴史
A5判・768頁・本体9500円＋税

スペイン言語学・文学の模範的著書の待望の邦訳。もっともスペイン語の歴史をよく知る著者の本は長年にわたって読み継がれる記念碑的書物といえる。

昭和堂
http://www.showado-kyoto.jp